nomear para combater

Edição original TAINÃ BISPO
Capa VANESSA LIMA
Ilustrações de capa e miolo TAINAH NEGREIROS DE SOUZA
Projeto gráfico de miolo LUCIANA FACCHINI
Diagramação e adaptação de projeto gráfico VANESSA LIMA
Preparação ALESSANDRA VOLKERT
Revisão para linguagem neutra GUTTERVIL
Revisão FERNANDA GUERRIERO ANTUNES
Edição revisada LIZANDRA MAGON DE ALMEIDA
Assistentes editoriais MARIA FERREIRA E KAREN NAKAOKA
Revisão EQUIPE JANDAÍRA

Dados Internacionais de Catalogação na Publicação (CIP)
(Câmara Brasileira do Livro, SP, Brasil)

Aun, Nicole
Nomear para combater : uma tentativa de organizar a raiva para virar pensamento / Nicole Aun ; ilustração Tainah Negreiros. -- 1. ed. --
São Paulo : Editora Jandaíra, 2025.

Bibliografia.
ISBN 978-65-5094-147-5

1. Antirracismo 2. Ativismo 3. Diversidade sexual
4. Inclusão social 5. Sociedade 6. Subjetividade
I. Negreiros, Tainah. II. Título.

25-258697 CDD-305.8

Índices para catálogo sistemático:

1. Antirracismo : Resistência : Sociologia 305.8

Aline Graziele Benitez - Bibliotecária CRB-1/3129

jandaíra

Rua Vergueiro, 2087 cj. 306 • 04101-000 • São Paulo, SP
11 3062-7909
editorajandaira.com.br
Editora Jandaíra
@editorajandaira

www.movimentoatrevase.com

nomear para combater

Uma tentativa de organizar a raiva para virar pensamento

NICOLE AUN

ILUSTRAÇÕES
TAINAH NEGREIROS

TREVA-SE!

jandaíra

SUMÁRIO

10 PREFÁCIO por Maitê Freitas
16 SOBRE ESTE LIVRO

19 Capítulo 1
29 Capítulo 2
43 Capítulo 3
49 Capítulo 4
67 Capítulo 5
71 Capítulo 6
79 Capítulo 7
83 Capítulo 8

87 EU QUERO MUDAR AGORA, PARA ONTEM!
89 MINHA ALGIBEIRA
93 SOBRE LIVROS E ABISMOS
98 NOTAS

Para Lina.
Que me faz olhar com olhos de ver.

AGRADECIMENTOS

Agradeço a quem veio antes. A cada uma das mulheres que lutaram e dedicaram suas vidas para que a minha fosse possível. A cada estudante que nos disse o quanto o Movimento Atreva-se abriu cortinas. A todes que abrem cortinas e cavam abismos por aí. Ao meu companheiro, Jimmy. Só podia ser com ele! À Tainã Bispo, que me enfrenta para não me abandonar e me conta que o que fazemos é importante. À Juliana Ferrari, testemunha e parceira de jornada, que me instrumentaliza com pensamentos, debates, magias e oráculos. À Alessandra Rodrigues, que acompanha minha jornada e dá norte a ela. A Maura Dias, Caterina Rino e Fernanda Silva, que começaram o Atreva-se comigo! Maria Eduarda, Tainã Miranda, Leticia Borges, Cleide Santos, mulheres que fazem a luta ser divertida e possível. À Maitê Freitas, por me responsabilizar pelos signos que carrego. À Gabi Gonçalves, que me ensina que o importante é continuar. Ao Wagner Schwartz, que me abriu tantos abismos e me construiu tantas pontes. À Renata Carvalho, por ser quem é. À Tainah Negreiros, companheira nova de lutas antigas. À Claudia Zucheratto, por me ajudar a arrumar meu arsenal. À Luiza Helene, por nunca me deixar confortável nas nossas microconquistas. À Luciana Peracini, que me surpreende com a forma como vive o que eu estudo. À Sueli

Aun, por me ensinar a mudar as coisas de lugar de forma tão especial. Ao meu pai, que me contou da beleza de ser livre. A Ju Ursaia, Marcia Salles, Ligia Kamada, Thayla Godoy e Abhiyana, que sempre dão um jeito de dizer que essa luta é importante. A Pablo e Pipo, primeiros leitores homens deste livreto. À Cinthia Albuquerque, por me mostrar que a vida é mais lenta e que isso é ótimo! À minha mãe, que me ensinou que a primeira ferramenta de luta é o afeto. À minha irmã, Renata Aun, que foi quem me contou da importância do feminismo como ferramenta política. À Joana Aun, minha sobrinha, que é muito parecida comigo, só que melhor!!

NICOLE AUN

PREFÁCIO

Eu me atrevi a caminhar com Nicole

POR MAITÊ FREITAS

Escrever este prefácio deveria ser uma tarefa fácil. Mas não é. Não é porque ser amiga da Nicole Aun é uma tarefa de grande responsabilidade para com a nossa história e atuação no mundo. Ela se atreve diariamente a colocar em xeque a si e a quem aceita caminhar ao lado dela. Nicole é do tipo de pessoa que acorda e pensa com insubordinação o mundo-futuro que queremos: sem machismo, sem racismo, sem transfobia, sem gordofobia, sem toda e qualquer forma de opressão que a herança colonial e a estrutura do patriarcado nos impõem goela abaixo.

Literalmente: Nicole sente no corpo a ânsia por mudar. E mudar não é para já, é para o AGORA. Deu para entender? Se não deu, recomendo fortemente que você procure uma posição confortável para embarcar neste livro e ser incomodado por ele. Não houve uma vez que conversei com a Nic e não me incomodei com algo de errado que naturalizamos nos nossos cotidianos.

Este livro fala sobre olhar o horizonte através de janelas largas e sem vidraças. As oito partes que constroem o livro são como um molho de chaves que você-leitor/a vai experimentar, sentir na pele e no estômago, e compreender o que se abre a cada palavra escrita/lida. Ainda que a janela seja larga e sem vidraça, este livro te/nos convida a olhar pela fechadura, neste micro das relações sociais, das relações afetivas e domésticas. Só observando com minúcia é possível compreender o todo, o macro, e efetivamente construir estratégias para a mudança necessária.

Escrevendo assim, parece simples, mas não é. Nicole, a nossa autora, sabe muito bem disso e, por essa razão, constrói sua fala costurada, nutrida e apoiada em muitos autores e diferentes autoras: de Davi Kopenawa a Lélia Gonzalez. Por quase dois anos fui vizinha da Nicole e ir à casa dela fazia parte da minha rotina diária. E sabe o que me impressionava? A Nic sempre estava com a leitura em dia, lendo mais de dois livros, anotando, digerindo e compartilhando as inquietações nas nossas conversas.

Este livro é uma dessas conversas. Eu nunca saía dessas visitas à Nic sem ficar inquieta e procurar uma das referências; algumas vezes, eu levava o que estava lendo e assim costurávamos estratégias e ideias para pôr fim ao que nos mata. Pensar em romper e implodir o patriarcado é pensar em nos nutrir de boas histórias e de novas referências para um novo imaginário.

"O feminismo é para todo mundo" proclamou a estadunidense bell hooks. Assim, é importante que todo mundo esteja disposto e instrumentalizado para esta batalha. Uma batalha que começa em nosso íntimo e erupciona para o todo.

Vou contar uma história rápida sobre essa ideia de erupcionar: fazer erupção. Em uma das primeiras experiências do jogo Atreva-se: Nomear para Combater, a Nicole me convidou para facilitar em uma escola pública de Bertioga. Naqueles dois dias, jogamos com pelo menos oito turmas do ensino médio, foram muitas partidas, muitas histórias e muitas provocações, muitas. Haja estômago para ouvir os diversos relatos trazidos pelos adolescentes. Me recordo que, na primeira partida, eu me perguntei: "Como um jogo pode ajudar a entender o machismo, o patriarcado? Seria possível abordar um tema tão denso, pesado de ser trabalhado e de forma lúdica?". Sim, era possível pensar as relações cristalizadas e as reproduções das opressões, colocar o dedo na ferida, olhar para ela e pensar formas de não ferir mais.

O que vi naqueles dois dias foram jovens se sensibilizarem, se indagarem e se incomodarem com o que estava dado por vencido e natural em seus cotidianos. Jovens mulheres se posicionando, apontando o dedo e se sentindo amparadas.

O fim do patriarcado evocado neste livro é sobre construir "espaços seguros", como ensina Patricia Hill Collins, para que possamos existir e sobre criar espaços possíveis para existências. Eu, como mulher negra, posso afirmar: as mulheres negras sabem disso e fazem isso há muitos séculos. E Nicole reverencia esses saberes e aprende com essas práticas de acolhimento para compreender que a construção do saber e o compartilhar daquilo que se sabe e que se acredita são instrumentos de cuidado para com o futuro.

Neste livro de oito partes, somos convidades a olhar o horizonte das relações e acreditar no futuro que se construirá a partir do engajamento de cada um que o lê e aceita o convite da autora para nomear o mundo, a partir de novos paradigmas.

Parabéns, Nic, e obrigada por me convidar a me atrever com você e suas inquietações.

Obrigada, Tainã, por cuidar do solo para que essas palavras cresçam e se façam floresta de sonhos palpáveis, concretos.

Boa leitura

“Não é uma reflexão de todo nova, porque, no fundo
(vou me dando conta à medida que envelheço),
não faço nada além de dar voltas ao redor de algumas
poucas coisas que me parecem importantes encruzilhadas,
a minha vida inteira estive fazendo a mesma coisa.”

GRACIELA MONTES,
em *Buscar indícios, construir sentidos*

sobre este livro

Este livro foi construído a partir de encontros: fui entrevistada pela Vivianne Macena para a sua dissertação de mestrado pela Universidade do Porto, em Portugal: "Das ruas para os espaços online? Percursos e subjetividades de atividades feministas através de narrativas biográficas"; lives e conversas que fiz para o Atreva-se; uma aula que ofereci para o curso de sonoplastia da SP Escola de Teatro, convidada por Tâmara David, sobre construção de narrativas; uma conversa solicitada por um grupo de homens para falarmos sobre Branquitude (sim, optei por usar com "B" maiúsculo mesmo, como uma personagem que talvez nos ajude a compreender todo esse imbróglio em que nos metemos) e patriarcado como construção de narrativa. E outres encontros não tão tangíveis assim, como conversas com amigues sobre muitas leituras, escuta de podcasts, filmes, peças de teatro e reflexões partilhadas nas redes sociais.

Optei por usar uma linguagem mais próxima do que se chama "linguagem neutra", pois entendo que não dá para lançar um livro em 2021 sem considerar essa forma de escrita. Confesso que, pra mim, ainda soa estranho, exige esforço, mas já aprendi que o que soa estranho e me exige esforço tem uma capacidade incrível de me deslocar do conforto. Um brinde ao desconforto!

1

"Nosso trabalho é democratizar a vida"

SILVIA FEDERICI

Eu narro o mundo a partir da janela em que eu o vejo. Eu sou uma mulher branca, de classe média, que vem do teatro. O teatro me formou, me atravessou e foi minha ferramenta de luta política por anos. O teatro foi onde as outras coisas que também sou puderam aparecer; sou também bissexual, gorda e inconformada. Tem algo do teatro que eu trago comigo, sempre. Quando uma história não nos serve, nós encerramos o espetáculo, baixamos as cortinas, agradecemos a plateia e voltamos para a coxia para pensar em uma nova história que nos interessa contar. Fazendo teatro eu descobri que é possível contar a história que queremos contar.

Foi o teatro que me autorizou a fazer o que quisesse da minha vida, do jeito que quisesse e de como achasse que deveria. Elu[1] me trouxe a possibilidade de inventar o mundo do meu jeito e de

1 Como a nossa língua não conta (ainda) com um pronome neutro, aqui escolhi usar *elu* para não usar *ele* ou *ela* e *nelu* para não usar *nele* ou *nela*.

atuar nelu. E isso desde muito cedo, porque faço teatro desde os 13 anos de idade e agora, enquanto escrevo este livro, tenho 43. São trinta anos fazendo teatro. E é interessante porque, depois de cinco anos no teatro, e com uma lógica muito nítida do pensamento de esquerda, já o entendia como uma ferramenta de luta. Foi o teatro que me apresentou a muitos pensadores, questões, reflexões, pensamentos... Me ajudou a compreender que uma história é criada a partir de muitas camadas, que o entrelaçamento das vivências, dos modos de ver e de existir é que compõe a experiência de se estar vivo. Então, elu me deu essa dimensão política.

Eu não consigo ter nenhuma linha de raciocínio que começa num troço e termina aonde eu queira chegar. Eu não consigo, nem que eu quisesse, porque as coisas são enfiadas umas nas outras, são juntes. Essa é uma coisa que o patriarcado faz, de colocar as coisas separadas, não é? Por exemplo, tem um médico que vai te estudar o cotovelo direito. Se você tiver que cuidar do cotovelo esquerdo, é outro cara... É muito louco! Você vai se distanciando da lógica do todo. Penso que o teatro me trouxe essa visão e também me ajudou muito a pensar as questões sistemicamente. Como comecei a fazer direção de teatro muito cedo, a dimensão de pensar no todo sempre me interessou, de como atuar ali, pra que atores revelem o todo. Assim, essa forma de pensar sistemicamente vem daí e, também, porque eu considero que os saberes são constituídos de muitas formas. Então, eu faço teatro, mas também sou mãe, estudo pra caralho, sou bissexual, tento ser bem-humorada, comer bem. Tudo isso me compõe para um objetivo final, que é derrubar o patriarcado. Eu sempre falei que fazer teatro era a minha ferramenta de luta e quando eu achasse alguma coisa mais eficiente, eu mudaria. Aí eu achei. No meu caso, foi a questão da política feminista.

E o meu encontro com os feminismos alargou essa dimensão política.

E é por isso que este livro é assim: janelas que vão se abrindo, reflexões que se sobrepõem, pensamentos soltos. Um livro com muito mais perguntas que respostas, mesmo que pareça o contrário. Não há ordem nem sequência "certa". Há os meus abismos. Há o meu encontro aqui, com você.

No Brasil, uma mulher é estuprada a cada 8 minutos[2], um jovem negro é assassinado a cada 23 minutos[3], é o país que mais mata pessoas trans e travestis[4] e o segundo de maior desigualdade social no mundo[5]. Essa é a história que inventamos enquanto sociedade. Uma sociedade capitalista e patriarcal. Branca, masculina, rica, cristã e cisgênera, que aqui vamos chamar de Branquitude.

Essa história te agrada? A mim, nem um pouco.

E se baixássemos as cortinas e contássemos outra história? Para a história ser outra, precisaríamos mudar a autoria. E se quem foi silenciade contasse a sua história, mulheres, pessoas trans, travestis, pretas, pobres, com deficiência, gordas, periféricas, imigrantes, refugiadas?

Comecei a atuar no movimento feminista, efetivamente, faz poucos anos. Em 2016, eu já tinha a minha filha, a Lina, nascida em 2015, e inventaram de trazer para São Paulo a Escola de Princesas, criada em Uberlândia, Minas Gerais, para meninas entre 4 e 15 anos de idade[6]. Isso virou um super-reboliço. Onde já se viu uma Escola de Princesas? Como tenho uma curiosidade mórbida por essas coisas, comecei a fuçar, a ver as matérias nos jornais e revistas e a repercussão de tudo isso. E lembro que teve uma coisa que me tirou do eixo. A mãe de uma aluna disse, numa dessas reportagens, que seria importante que a filha dela aprendesse determinadas coisas para que não vivesse numa relação violenta, porque, se ela soubesse se comportar como uma mulher, encontraria um bom parceiro.

Eu fiquei arrasada, porque essa frase contém inúmeras questões. É um raciocínio de proteção e perversidade, ao mesmo tempo. Nada é uma coisa só. Esse foi o modo que a mãe dessa menina achou para dizer: "Deve ter algum jeito de a minha filha não sofrer as violências que estão destinadas a ela". Eu queria poder conversar com essa mãe, pois eu a entendo. E eu também, como mãe de uma menina, sinto medo. Inscrever a filha na Escola de Princesas foi a tentativa dela de proteger sua filha com as ferramentas que ela tinha ao alcance naquele momento.

Essa escola causou uma polêmica em São Paulo, onde eu morava na época. Como resposta, um grupo de WhatsApp foi formado com mulheres de todo o Brasil para pensar ações que problematizassem a criação de uma Escola de Princesas e desmontassem esse raciocínio absolutamente retrógrado e machista.

Nós queríamos nos unir em uma voz contrária à da escola e tão potente quanto. Esse grupo acabou se dividindo por regiões e nós criamos um em São Paulo, do qual eu fazia parte.

Algumas propostas foram sendo sugeridas e uma delas, que foi ganhando mais força, era que a gente montasse uma escola antiprincesas. A partir desse momento, eu passei a ficar incomodada, sem saber direito o porquê; isso sempre acontece comigo, o incômodo é aliade, fica ali me cutucando para me mostrar o invisível. Se o patriarcado e o capitalismo andam juntes, de que adianta usar uma ferramenta do capital para combater o patriarcado? Mesmo que seja com as melhores intenções, me parece ilusório, um arremedo. E se vivêssemos e criássemos narrativas que contassem as nossas vidas e experiências pautadas em outras lógicas – diversas dessas que compõem a ideologia vigente atual?

Eu e mais oito malucas (Caterina Rino, Samara Felippo, Larissa Sales, Maura Dias, Fernanda Belarmino, Giulliana Ruiz, Estela Brandi e Renata Aun) nos sentamos juntas e falamos: "Bom, então o que nós vamos fazer?". Inicialmente, resolvemos realizar mediações de leitura em parques paulistanos. Fizemos uma no Parque Ibirapuera. Foi superlegal, mas ainda faltava alguma coisa. Como vim do teatro, pensei: "É a narrativa!".

A gente precisa entender a narrativa.

Criamos o Movimento Atreva-se em 2017, e nossa principal ação foi desenvolver um jogo para revelar e combater o machismo cotidiano. Assim, nasceu o jogo Nomear para combater que levamos para as escolas públicas. O nome do jogo foi tirado do livro *Diferentes mas não desiguais: A questão do gênero na escola*, de Beatriz Accioly Lins, Bernardo Fonseca Machado e Michele Escoura. Desde então, o Atreva-se tomou o espaço que o teatro ocupava na minha vida enquanto luta.

São essas portas, essas janelas, esses abismos e esses espantos que eu quero compartilhar com você neste livro.

Como é que a gente faz isso, já que a nossa conversa é sobre o cotidiano? A Alessandra Rodrigues, minha irmã de alma, que é psicoterapeuta, terapeuta sistêmica e uma das ativistas do Atreva-se, tem uma fala que me impacta muito: ela diz que só se interessa pelo que acontece na casa da dona Maria. Por quê? Para ela, é fundamental entender o que acontece na casa da dona Maria porque é lá que se revela que o marido faz isso, que o filho faz aquilo, o que acontece com a filha, e assim por diante. É essa a matéria-prima que buscamos: identificar o machismo ao revelar o dia a dia mais "normal" e "sem importância". Optamos por esse caminho como metodologia de trabalho conscientemente. Foi uma opção política, inclusive. Como nas grandes questões já tem um monte de gente foda atuando, tentamos focar nas pequenas questões do cotidiano, nas questões que nos escapam.

Tenho uma rede forte de pessoas que conseguem viabilizar projetos. A minha sorte é que acreditaram em mim e colocaram dinheiro para o movimento acontecer. Assim, fizemos um financiamento coletivo em 2017 e conseguimos arrecadar o valor para construir o jogo. Foi uma loucura, porque foi um negócio que eu achava que não ia conseguir. Mas rolou! A gente até fez uma propaganda na época, tirando um sarro, fazendo uma brincadeira, que dizia o seguinte: "Você não tem tempo para mudar o mundo? Você tem coisas mais importantes para fazer hoje do que combater o machismo? Deposite um dinheiro na nossa conta! A gente muda o mundo para você!". E, assim, demos os primeiros passos para criar o jogo, imprimir as cartas e ter uma verba mínima para a logística.

O jogo é simples, um jogo de narrativa. Um jogo de quem, quando, como e por quê. Aquelas perguntinhas básicas. Então apresentamos três montinhos de cartas: de personagens, de ações e de ambientes. Dividimos a classe em grupos pequenos, cada grupo pega três cartas de cada montinho, aleatoriamente. O grupo precisa escolher cinco cartas e contar uma narrativa que, primeiro, revele o machismo, e, depois, uma narrativa que combata o machismo. E é dessa forma que o jogo se torna um pretexto para que a gente consiga pensar e falar sobre ações que atuam no cotidiano daquelas pessoas ali. E muitas das coisas que a gente faz são entender como as dimensões patriarcais se dão durante e dentro do jogo. E o que a gente foi sacando? Que revelar o machismo no cotidiano abre as portas para entender a questão sistêmica de maneira mais profunda.

Nos jogos que fizemos nas escolas, nós percebemos o quanto o indivíduo serve de maneira muito eficiente para revelar o que é sistêmico. Nas histórias mais "banais" e cotidianas, se escondem as opressões estruturais e institucionalizadas. Elas estão por toda a parte.

Numa conversa, me disseram o seguinte: "Ah, mas todo mundo pode fazer o jogo". Foi quando eu entendi que nem sempre. Precisa ter uma feminista antipatriarcal e anticapitalista bem brava ali do lado para poder jogar, não adianta só pegar o jogo e sair jogando, se não a gente vai endossando uma série de coisas que é contrária ao que a gente vem tentando construir. Por exemplo, é muito comum, no jogo, que meninos tomem a palavra para si e digam coisas do tipo: "Ah, mas a gente também sofre violência", "Ah, mas a gente também vivencia isso ou aquilo". Certamente, sofrem, a gente joga em escolas periféricas onde, obviamente, os exercícios de poder são muitos e percebemos todas essas dimensões. Escolhemos o recorte do machismo estrutural para revelar algumas dessas dimensões. Nós entendemos que o machismo atua sobre homens e mulheres, meninos e meninas. Porém, nessa equação, são as mulheres que morrem só por serem mulheres. E morrem muito. Por isso, uma das ferramentas é criar espaço para que, na maior parte do tempo, a palavra esteja com elas.

Nós usamos as narrativas para compreender como o patriarcado se estabelece nas nossas vidas – nos emaranhados visíveis e invisíveis – e como podemos subvertê-lo. Entre 2017 e 2020, visitamos mais de 30 escolas e impactamos mais de 4.000

estudantes. Nesse mesmo período, criamos um podcast de entrevistas com mulheres, fizemos cursos e palestras, construímos pensamento feminista pelas nossas redes sociais. Por ser um movimento, as participações das pessoas flutuam dentro do grupo. Mas, enquanto escrevo este livro, somos seis mulheres: a Alessandra Rodrigues, a Letícia Balducci Borges, a Tainã Bispo, a Tainã Miranda, a Maria Eduarda Andrade e eu.

Vem!

2

"E o silêncio escapou
ferindo a ordenança
e hoje o anverso
da mudez é a nudez
do nosso gritante verso
que se quer livre."

CONCEIÇÃO EVARISTO,
POEMA "DA CONJURAÇÃO DOS VERSOS",
EM *Nossos poemas conjuram e gritam*

Somos seres culturais. Precisamos de narrativas, pois são as narrativas que constituem nossa cultura e que determinam o que somos enquanto sociedade. A gente constrói narrativas para entender o mundo, a natureza, o universo, nossos sentimentos. A gente não tem a experiência em si. A experiência passa pela forma como a gente traduz a própria experiência. Narrativa.

E quem criou a narrativa que rege as nossas vidas nos dias de hoje?

Quase tudo o que nos forma como sociedade foi narrado para nós através de uma única janela. A janela do homem branco, cis, hétero, rico e/ou influente. O que é contado para a gente nasce dessa janela. O fato de ser um homem, branco, cis, hétero é ruim em si? Não, não é ruim em si. Portanto, qual é a questão? A questão é que todas as narrativas que nos compõem partem dessa janela. Essa é a grande questão. Uma janela é considerada universal.

Quando a gente pensa em psicanálise, pensamos em Freud; quando a gente pensa em inconsciente, a gente pensa no Jung; quando a gente pensa em biologia, a gente pensa em Darwin; quando a gente pensa em física, a gente pensa no Einstein; quando a gente pensa em música, a gente pensa no Beethoven; quando a gente pensa em teatro, a gente pensa em Shakespeare; quando a gente pensa em literatura, a gente pensa em Dostoiévski; quando a gente pensa em poesia, a gente pensa em Carlos Drummond de Andrade; quando a gente pensa em música brasileira, a gente pensa em Chico Buarque. O que eles todos têm em comum? Homens, brancos, cisgêneros e, se não ricos, influentes. Todos ocupam o mesmo espaço da tal janelinha.

É essa narrativa que nos diz o que é o certo, o que é o errado, o que é bom e o que é ruim, o que é saudável e o que é doente, quem tem direito a uma boa vida e quem não tem. É isso o que chamamos de ideologia vigente. Uma ideologia que sustenta um mundo capitalista, patriarcal e racista.

"Na sociedade de classes, a ideologia é uma representação do real, mas *necessariamente falseada*, porque é necessariamente orientada – e é tendenciosa porque seu objetivo não é dar aos homens o *conhecimento objetivo* do sistema social em que vivem, mas, ao contrário, oferecer-lhes uma representação mistificada desse sistema social, para mantê-lo em seu 'lugar' no sistema de exploração de classe."[7] Vale ressaltar que a eficácia do discurso ideológico é dada pela sua internalização por parte dos atores (tanto aos beneficiades quanto aos prejudicades), que o reproduzem em sua consciência, em suas subjetividades e em seu comportamento.

O problema é que esse Homem Branco (ou a Branquitude) não fala só por ele. Ele fala por ele, pelo homem preto, pela mulher preta, pela mulher branca, pela mulher gorda, pela mulher magra, pelo pobre, pelo indígena, pela mulher trans, homem trans, pela travesti, pela pessoa intersexo, pelu não binárie, pelas árvores, pelos rios, pelos animais, pelo sistema solar. Ele fala por tudo e todo o mundo! Tudo passa pelo crivo dele. No meu entender, essa é a maior violência, porque existe alguém que narra nós todes e esse alguém narra o outre por um filtro de interesse que, provavelmente, não é de outre.

A Simone de Beauvoir, em *O segundo sexo*, cria o conceito do "um" e do "outro". Simplificando, para ela, o homem, por ocupar o espaço de poder, é o "um", e a mulher é o "outro". Simone de Beauvoir faz um recorte só de gênero, não de raça nem classe – ou seja, ela está falando sob a perspectiva de uma mulher branca, europeia, intelectualizada. O que ela diz é o seguinte:

o homem é quem rege o espaço de poder. O espaço da mulher, até hoje, existe: ela é o "outro", que vai ser escolhido pelo "um". O homem detém o espaço político. Então, o status social, vamos chamar assim, é dado pelo homem. Quem legitima o espaço social da mulher é o homem.

Essa ideologia traduz o mundo por uma única perspectiva – uma única narrativa. Qualquer olhar-filtro-tradução de mundo que não seja branco, cisgênero, heteronormativo, masculino e rico e/ou influente é, segundo Simone de Beauvoir, o "outro". O "um" é o universal. O "outro" é qualquer um que não seja o "um". Convenhamos que o "um" é uma parcela pequena da população, certo?

A gente vai se utilizando das nossas histórias individuais para revelar o sistema. Então, o indivíduo serve de uma maneira muito eficiente, porque traz em seu corpo, porta em seu corpo, os sentidos de controle que o sistema da ideologia vigente coloca na gente. Por exemplo, para entender isso de uma maneira rápida: eu sou uma mulher branca de classe média. O fato de ser antirracista e ter no meu trabalho e no meu cotidiano uma prática antirracista não faz com que eu não me beneficie do racismo. E isso ocorre porque meu corpo performa signos de controle.

É ruim ser um homem branco? Não é disso que estamos falando aqui. Não é sobre o indivíduo, mas, sim, sobre a estrutura que atua no indivíduo. Dentro da estrutura da nossa sociedade, um corpo de um homem, branco, cis, hétero e rico e/ou influente carrega, porta e representa códigos e signos que compreendemos como poder, os signos da Branquitude. Mesmo que esse indivíduo atue de forma antipatriarcal, sua existência (aquele corpo) representa, emana, manifesta o poder. Não é sobre o que ele é, mas sobre o que ele representa. Fica fácil de compreender a ideologia vigente quando vemos corpos que não representam esse poder. Um exemplo? Um corpo branco cis pode entrar no supermercado e mexer na bolsa, um corpo branco cis pode correr no supermercado, um corpo branco cis pode até furtar algo e depois dizer que "se enganou". Um corpo branco cis não entende um supermercado como um lugar perigoso. Dificilmente esse corpo será alvejado. Isso não é sobre um indivídue ou outre, é sobre um corpo branco.

E nós sabemos muito bem o que acontece em um supermercado quando o corpo é de uma pessoa negra.

"Um homem negro foi espancado e morto por dois homens brancos em um supermercado Carrefour em Porto Alegre, no Rio Grande do Sul, na noite desta quinta-feira (19), véspera do Dia da Consciência Negra (nesta sexta, 20)."[8]

e

"[...] meu filho é um menino negro. E liberdade não é um direito que ele vai poder usufruir se ele andar pelas ruas descalço, sem camisa, sujo, saindo da aula de futebol. Ele corre o risco de ser apontado como um infrator. Mesmo com 6 anos de idade."[9] (Taís Araújo, no evento TEDx São Paulo)

Então, dentro da ideologia vigente, corpo branco, por exemplo, se aproxima de uma manifestação de poder independentemente da sua história de vida. Ou seja, mesmo que esse corpo, individualmente, tenha uma história terrível, que tenha sido abandonade ou que tenha apanhade muito quando criança. Por mais difícil que tenha sido sua vida, socialmente, esse corpo branco e cis representa poder. Quanto mais perto da ideia de um corpo cis, branco, hétero, homem, rico e/ou influente estiver, mais esse corpo significa e carrega dimensões de poder, da Branquitude. A gente querendo ou não. Então, por isso, faço esse convite: vamos tentar perceber como a ideologia vigente se manifesta no todo? Para cuidar e respeitar cada indivíduo e ao mesmo tempo compreender pelo que elu é atravessade.

O que é tirado da gente nesse processo de manutenção da ideologia vigente? Muitas coisas. A principal é a capacidade de cada pessoa narrar a si. Penso que o capitalismo patriarcal é uma supernarrativa, muito bem construída, muito bem elaborada, muito sofisticada. Mas continua sendo uma narrativa. Acho que a gente segue construindo narrativas, porque somos seres culturais e seres culturais constroem narrativas. A dúvida é: como podemos construir possibilidades de criar narrativas que friccionem a ideologia vigente?

Que as compreensões e as narrativas do mundo partam, também, de outras janelas para que a gente possa gerar fricção entre as narrativas e estar mais próximo do que é a vida – pois a vida é múltipla, colorida e diversa. A vida é muito mais do que a Branquitude pode contar usando um homem branco, cis, hétero e cristão.

Nesse processo, um dia eu me dei conta de que 98% da minha biblioteca era composta de homens brancos. Que os intelectuais de esquerda que lia, relia, estudava, sorvia eram, em sua grande maioria, homens brancos. Que sempre aprendi com homens brancos sobre quase tudo o que tange à construção do meu pensamento político. Me dei conta de que todas as minhas grandes influências diretas, que me formaram o pensamento, que me indicaram bibliografias, até então, tinham sido compostas de homens brancos...

Isso é muito, muito, muito grave.

Comecei a tentar reparar essa violência lendo *Mulheres, raça e classe*, da Angela Davis, e ali eu já percebi como foi conveniente para mim não ler autoras e autores negros. Bastou um livro para que eu percebesse o quanto a minha existência - que até então eu entendia como sempre disposta a combater a violência - pode também ser, ela mesma, violenta. Com Angela Davis, eu aprendi que, enquanto mulheres brancas começaram a lutar pelo direito ao aborto, mulheres negras lutavam para não serem esterilizadas; enquanto mulheres brancas lutavam para ingressar no mercado de trabalho, mulheres negras trabalhavam para nós; enquanto mulheres brancas lutavam pelo voto, mulheres negras lutavam pelo fim da escravidão.

Isso está colado na minha construção de afetividade, de genealogia, de ancestralidade e do que quiser. Está colado no que eu sou hoje, no que eu resulto hoje. O corpo que resulta hoje é um corpo também opressor, ao mesmo tempo que é um corpo oprimido por outras dimensões de poder. É um corpo emaranhado numa teia.

Para existir como tal, foi importante a construção de uma subjetividade dentro do capitalismo-patriarcado-colonial. Como isso funciona? Desde cedo, por exemplo, as crianças já começam a ter contato com esse imaginário construído. As meninas começam, por exemplo, com os contos de fadas, depois com os filmes e livros de romances açucarados com final feliz e as novelas. Ou seja, a construção de um corpo docilizado, meigo, pronto para servir e cuidar (vou falar sobre os contos de fadas mais à frente). Os meninos começam, muito cedo também, a ver os super-heróis nas telonas, homens com superpoderes, que usam a força física para resolver problemas e que não choram nem falam de suas emoções. Rapidamente, passam a consumir pornografia – na média, isso acontece por volta dos 9 anos.[10] Isso tudo, óbvio, passando por um conteúdo de personagens brancos em histórias e contextos de pessoas brancas. Na vida escolar e universitária, estudam intelectuais brancos na sua grande maioria (principalmente homens). Na rua, a publicidade é feita por pessoas brancas que usam imagens de pessoas brancas para vender produtos. E, nesse contexto, a mulher é objetificada para vender qualquer coisa, de cerveja a chocolate, passando por carros e sorvetes. Isso tudo para contar de como criamos e educamos a todes de modo a reforçar que os corpos que "valem" são os corpos das pessoas brancas.

Eu só consegui deslocar meu olhar quando passei a ler reflexões decoloniais e pessoas não brancas. (Mesmo quando falamos de narrativas não brancas, a Branquitude ainda é referência; o próprio termo traz essa referência, ainda não sei qual termo usar!) E, rapidamente, entendi algo que mudou meu olhar para o mundo: cada privilégio meu é a supressão do direito de alguém, e esse alguém é provavelmente uma pessoa negra.

"Uma coisa é preocuparmo-nos com a morte de outro, ao longe. Outra é, de súbito, tomar consciência da própria putrescibilidade, de viver na vizinhança da própria morte, de contemplá-la enquanto possibilidade real. À partida, é esse o terror suscitado pelo confinamento a muita gente, a obrigação de, por fim, responder pela sua vida e nome."

Achille Mbembe, em *Necropolítica*

Hoje, vivemos em uma narrativa que atua numa política de morte, calcada no lucro, que, como bem diz (ou o que eu entendo do que ele diz) o pensador e filósofo camaronês Achille Mbembe, precisa da morte para se sustentar. O Estado decide quem vive e quem morre; quem tem o direito a uma vida digna e quem não tem; quem tem direito ao leito no hospital e quem morre sem. Ele cunhou o conceito de necropolítica para essa forma institucionalizada de fazer política: que não só causa a morte, como faz da morte uma premissa. Ter gente morrendo de fome por ser preto, mulher trans, mulher cis, travesti, indígena não é uma consequência, é uma condição para existirmos dentro dessa ideologia vigente, para sustentar essa narrativa, esse fac-símile da realidade. E acho que os feminismos têm uma capacidade de pensar em uma política de vida, que traz para o centro outras narrativas, outras perspectivas do que chamamos de vida! Uma lógica que seja calcada no cuidado, no coletivo, no comum. Numa política que preza a vida e cria estratégias para preservá-la. Nos tempos em que vivemos, isso é algo absolutamente revolucionário.

O lucro não existe. O lucro é um conceito. Olha que loucura! E, para sustentar esse conceito, criam-se muitas ferramentas: exploração de gênero, de raça, de classe... Mas ele continua sendo só um conceito. Vida não é um conceito. Vida é vida!

O que o homem, branco, cis, hétero, rico e/ou influente faz? Ele diz: "O que não sou eu, não existe". É o pacto narcísico da Branquitude, como nos ensinou didaticamente Cida Bento.

"Ele [o pacto] não é uma coisa instintiva, mas fala de uma grande cumplicidade, que faz com que o branco acredite no outro branco, ache que o outro branco é realmente mais bonito, que aquele cabelo é o que funciona bem dentro de instituições, que aquela pessoa branca vai seguir as regras, vai assegurar que tudo funcione direito. Por isso esta confiabilidade no branco e essa tendência a trazer outros iguais para o seu entorno, para lugares onde a competência, segundo o conceito da instituição, precisa estar assegurada", afirma Cida Bento.[11]

Quem nos deu a prerrogativa de dizer o que é e o que não é? Como foi construída a possibilidade de se dizer que a cosmogonia indígena é mitologia/folclore e aceitar a ciência branca como a única "verdade" possível? Por que existe só uma verdade? Quem determina o que é a verdade?

Como essa lógica se dá na prática? Algo como o que diz o xamã Davi Kopenawa, em *A queda do céu: Palavras de um xamã yanomami*, escrito com o antropólogo Bruce Albert: "Para nós, há os deuses chamados Xapiris e eles dançam para segurar o céu. Então, a gente precisa preservar a floresta para que os Xapiris tenham onde dançar para segurar o céu. Se os Xapiris não dançam, se a gente derruba a floresta, os Xapiris não têm onde dançar e o céu cai".

Meu entendimento a partir dessa leitura é a seguinte: para ele, essa história não é uma lenda, mas o jeito dele de enxergar o mundo. Logo que eu terminei de ler o livro do Kopenawa, a seguinte imagem me veio: o que aconteceu em Mariana foi que eles derrubaram a floresta, os Xapiris não tinham mais onde dançar e o céu caiu. Simples assim. Quando se compreende que essa é uma maneira de ver o mundo e se legitima politicamente aquele espaço e aquela ideia, tudo muda. Mesmo que para quem lê a floresta não seja um lugar para os Xapiris dançarem, mas se considere que aquilo o é para alguém, a partir disso, ele legitimaria outra narrativa que não é a universal do homem branco. Aquela narrativa passaria a ter força política assim como as outras – ela não se tornaria um folclore ou um fetiche, que são ferramentas usadas para deslegitimar outras vozes.

A ideologia vigente que sustenta o patriarcado capitalista é binárie, excludente e opressore. Toda a engrenagem do capital existe para gerar lucro. E o lucro se dá a partir da exploração da mão de obra dos trabalhadores, dos corpos, da natureza... Tudo o que não é o "um" serve para ser explorado.

Assim como explora os trabalhadores, o patriarcado capitalista também precisa de mulheres fragilizadas, violentadas, oprimidas. É um pressuposto. E precisa criar gerações de mulheres assim, precisa criar uma narrativa que bata e fique. Que seja muito fácil, seja muito apta, que seja muito confortável.

Outra armadilha: o sucesso pessoal é o que importa. Como é fácil para a ideologia vigente usar de tudo o que está ao seu alcance para legitimá-la, basta olhar o que fizeram da teoria da evolução de Darwin para que servisse tão bem ao capitalismo. O que nos dizem "baseados" nela? O mais forte, o mais adaptável, sobrevive. O mais fraco se dá mal ou morre. Isso justifica as violências e opressões que o próprio capital exerce sobre as pessoas. Como? Um exemplo perverso: "Mulheres não são tão competentes quanto os homens dentro das empresas, por isso elas não atingem cargos de confiança". O que essa frase não revela, porém, é que as mulheres são as cuidadoras dos filhos, das famílias e das casas. Exige-se das mulheres um esforço três vezes maior do que o de um homem para chegar ao mesmo lugar. Não que esse seja um bom lugar, mas certamente é o lugar que representa poder.

Esse tempo da subjetividade, do ócio, da contemplação e do lazer nos foi arrancado por um trabalho que não nos serve. Foi tirada da gente a possibilidade de que o trabalho nos servisse. Hoje, o trabalho serve pra alguém que não se sabe nem quem é. Aí vem aquele monte de frases feitas: "Deus ajuda quem cedo madruga", "O olho do dono que engorda o boi", "O trabalho enriquece, a preguiça empobrece" etc. Essas frases do patriarcado capitalista são muito sofisticadas, porque senão nada justificaria as pessoas pegarem uma hora e meia de trânsito para entrarem num trabalho às sete horas da manhã, comerem comida com salitre, saírem do trabalho às oito horas da noite, pegarem mais uma hora e meia de trânsito... Para, no fim do mês, pagarem uma viagem em doze vezes, num *resort* qualquer.

Se não fosse essa ideologia tão sofisticada e sedutora, como sustentar a ideia de que 2.153 bilionáries do mundo podem possuir cerca de 60% da riqueza da população global?[12] Como justificar tal concentração de renda?

Quem regula, quem nomeia, quem dá regras, quem avalia é o homem. "Ah, mas isso foi em 1940!" Não! Isso é hoje. Essa narrativa é tão forte ainda na nossa sociedade que, em setembro de 2018, o então candidato a vice-presidente do ano, Hamilton Mourão (que se tornou vice-presidente no ano seguinte), afirmou que: "famílias pobres, 'sem pai e avô, mas com mãe e avó' são 'fábricas de desajustados' que fornecem mão de obra para o narcotráfico"[13]. Ou seja, 11,6 milhões de mulheres, que são chefes de família sozinhas, segundo o Instituto Brasileiro de Geografia e Estatística (IBGE), na Pesquisa Nacional por Amostras de

Domicílios (PNAD),[14] são responsáveis por lares desajustados. Se essa lógica não fosse absolutamente atual, Mourão não falaria um absurdo desses. Esse é o patriarcado atuando no nosso cotidiano, dando ao homem o poder regulador.

3

"Hoje em dia, talvez nunca de forma tão comovente quanto o tema onipresente de Cristo morrendo na cruz, a imagem central da arte não é mais a celebração da natureza e da vida, mas a exaltação da dor, do sofrimento e da morte, pois nessa nova realidade, hoje considerada como criação única do deus masculino, o Cálice que dá e alimenta a vida - enquanto poder supremo do universo - é substituído pelo poder de dominar e destruir: o poder letal da Espada. E é essa realidade que aflige a humanidade - tanto homens como mulheres - até nossos dias."

RIANE EISLER, EM *O cálice e a espada*

Eu entendo que a política feminista é uma ferramenta que pode nos ajudar a tirar o lucro do centro das nossas relações e colocar o cuidado.

Quando a vida estiver boa e digna para a mulher preta, gorda, trans, periférica, é porque está boa e digna para todo mundo. Esse é o poder revolucionário da luta feminista, pois estamos indo além do gênero. Política feminista é falar, também, de comida, ecologia, educação e saúde. É falar de todes que englobam a vida.

Entendo que o feminismo é o caminho viável, acessível, possível, concreto, objetivo. É muito bem estruturado. Mas, quando o feminismo é apropriado e passa a servir ao capitalismo, é bastante perigoso e nocivo. Ele atua sobre o indivíduo, mas não reflete a estrutura. É a forma como o capitalismo se apropria da pauta feminista para fazer marketing. A frase de efeito nas redes sociais pode ser uma porta de entrada para refletir sobre os feminismos, mas tem que durar pouquíssimo tempo. Comprou a primeira caneca e o primeiro adesivo, já passou! Porque, caso contrário, fica somente nas canecas e nos adesivos. E existem canecas incríveis! Esse é o ativismo que o capital oferece. Se o capital te oferece como uma solução, não é uma solução contrária ao capital.

Assim, as mulheres que leio são as pretas. Elas são as que leio mesmo, de verdade. Óbvio que também leio a Silvia Federici, a Gerda Lerner... Mas procuro ler mulheres não brancas e não cis também. Muito. No meu ponto de vista, o feminismo é sobre um novo paradigma de construção social. Quem pode falar sobre isso é quem nunca falou antes, porque, quem já falou, construiu o mundo em que nós vivemos hoje.

No Movimento Atreva-se, entendemos que uma maneira, talvez a única, de tirarmos o lucro das nossas vidas para colocar o cuidado é derrubando o patriarcado capitalista, coisa que acho que é possível. Não vou ser eu quem vai ver isso, mas acho que é possível. Muita gente antes de nós já jogou essa bolinha de neve, e ela está crescendo. Nós estamos só engrossando-a. Uma hora, isso aí vai estourar. Essa ilusão de que o patriarcado capitalista é a realidade vai ruir. Ah, se vai!

Se a igualdade não é possível dentro do sistema patriarcal capitalista, então os feminismos não podem ser apenas uma ferramenta de igualdade, devem ser uma ferramenta política, que está ao alcance de qualquer pessoa, assim como o patriarcado está ao alcance de todes.

Então, a gente fala assim: "Ah, mas uma mulher reproduziu o machismo, né?". A gente ouve muito isso. "A minha mãe é machista"; "Ah, ela apanha porque gosta". Mulheres que reproduzem o machismo o fazem por tentar se apropriar das ferramentas de controle do patriarcado. E muitas vezes conseguem e utilizam sem dó.

Estava entrevistando a Marina Mathey para o podcast, e aí a Marina fala assim: "Porque as nossas corpas"; "porque todes". Tô entendendo, tô acompanhando o que ela tá falando, mas, quando ela diz, "porque a medicisna...", então pá! Uma tela azul abriu! E ela falou pra mim: "A *medicisna* é a medicina pautada na questão cisgênera, então, se você chega num médico, você já sabe o que esperar, o médico já sabe o que esperar, você tem que emagrecer, você tem que não sei o quê, mas ele não vai entender seu corpo a partir de uma lógica que não seja cisgênera!". Abriu um abismo em mim. Porque o fato de ela usar um termo pelo qual eu nunca precisei pensar, porque eu não sou capaz de pensar sobre isso, porque, mesmo sendo (ou me percebendo) não só isso, meu corpo é branco, cisgênero da classe média.

Aí eu digo pra ela: "Quando você cunha isso, quando você diz *medicisna*, você me desloca, você me tira do espaço que eu acho que conheço. E naquele momento eu deixo de conhecer a medicina! Isso muda o mundo, porque isso faz com que eu nunca mais olhe para a medicina da maneira como eu olhava antes, nunca mais! Porque alguém que tem uma experiência de vida e olha pra vida por uma janela que não é a minha disse: 'Olha, tem um negócio aqui que eu preciso te mostrar. E não é que eu preciso te mostrar porque você precisa saber, eu preciso te mostrar porque esse espaço é legítimo pra mim e você vai precisar me engolir, querendo ou não, entendeu?'". Não é para me ensinar que ela faz isso, eu aprendo ou não, azar o meu. Ela faz isso porque esse espaço que ela alarga é fundamental para que ela exista, e ela vai alargar esse espaço. Então ela diz: "*Medicisna!*". Alargou.

Porque, antes, eu pensava que eu era "normal"; antes, eu pensava que existiam as pessoas trans e que eu era normal. Aí a pessoa trans diz: "Então eu sou anormal? Não, eu sou trans, e você é cis". Aí como que as pessoas cis ficam? "Não, pelo amor de Deus, ninguém diz o que eu sou." Por que não? Porque o mundo é de quem nomeia! Isso já está até na Bíblia. Deu o nome, é seu. É isso! Quem narra a história é quem nomeia a história. Por isso que nosso projeto se chama Nomear para Combater, porque a gente precisa dar nome. Aquela transadinha forçada no casamento tem nome, chama-se estupro marital. Aquela chacoalhadinha que o cara deu na mulher chama-se violência, abuso.

Os feminismos deslocam tudo em todos os sentidos. Quando a gente entender que o trabalho ordinário - esse que é tido como "menor" e rotineiro de cuidar da casa, fazer comida, educar os filhos - precisa ser socializado, a gente romperá algumas das lógicas mais profundas de exploração.

É impossível ter igualdade de gênero ou qualquer igualdade dentro de um sistema cuja base é a exploração. Onde tem exploração não tem igualdade, simples assim. Se a base é a exploração, e o lucro só se dá pela exploração, então a gente precisa acabar com o lucro.

E se quem é agraciade com o extraordinário se ocupar do ordinário? Vai ter tempo para o lucro? A pandemia mostrou isso muito bem para a gente. Acorda, faz café da manhã, lava a louça, põe a roupa para lavar. Acabou o dia. Que horas você vai ler? Que horas você vai escrever um texto? Arrisco dizer o seguinte: se a gente socializar o ordinário, conseguiremos romper uma lógica exploratória bem básica e ainda assim bem importante para desmascarar essa ideologia vigente! Como levantou Katrine Marçal, no livro *O lado invisível da economia*: "O trabalho da mulher é 'o outro'. É tudo o que ele não faz, mas de que depende para poder fazer o que faz. Para poder fazer as coisas importantes".

É impossível continuar vivendo desta forma. Ao mesmo tempo, parece impossível mudar a forma como vivemos.

4

"Me aborreci, me zanguei
Já não posso falar
E quando eu me zango, Marina
Não sei perdoar
Eu já desculpei muita coisa
Você não arranjava outra igual
Desculpe, Marina, morena
Mas eu tô de mal"

DORIVAL CAYMMI, NA CANÇÃO "MARINA"

A gente foi normalizando, normatizando, dando status de natural para coisas que não são. Quando eu comecei a atuar no Atreva-se, eu pensava que o afeto saía e a violência entrava. Ou seja, que eles se exerciam em momentos diferentes. E, infelizmente, eu aprendi que não. Eu aprendi, com muita dor no coração, que, muitas vezes, a gente nomeia violência, descaso e abuso como afeto.

"Ele gritou comigo porque ele me ama"; "Não é que ele seja violento, ele é afetuoso"; "Relação que não tem ciúmes é uma relação que não tem amor"; "Um pouquinho de ciúmes é importante, apimenta a relação"; "As muito feias que me perdoem, mas beleza é fundamental"; "Você está gorda e eu estou preocupada com a sua saúde"; "Ah, ela é quase da família, eu tenho uma relação de afeto com a minha empregada"; "Gosto tanto da minha empregada que a filha dela pode abrir a minha geladeira".

Infinitos espaços de violência são nomeados como afeto. Então, quando uma mulher, especificamente, está vivendo uma relação abusiva, é muito complexo retirá-la desse lugar. É difícil para qualquer pessoa. Quando se fala de uma relação abusiva, não é só sobre violência, é sobre afeto também. Abrir mão da violência é fácil, o difícil é abrir mão do afeto.

Esse espaço da violência é um espaço legitimado porque o espaço do poder é um espaço legitimado. E a violência é uma representatividade do poder. Então, quando se atua dentro do poder, pode-se usar violência, porque essa ferramenta está ao alcance.

O patriarcado capitalista é perverso e oferece ferramentas de controle coerentes com essa perversidade. A violência é uma das ferramentas de controle e está ao alcance de todes no mundo. Só que alguns corpos portam melhor essa ferramenta. Em alguns corpos cabe mais essa ferramenta que em outros corpos, é esperado que o pai bata e a mãe acolha, mas é possível que a mãe bata. Então, a relação de violência e afeto permeia todas as nossas esferas de relação. Não só a relação romântica, do amor romântico. E a culpabilização da mulher, ou da criança, que apanha porque aprontou, é algo que torna a violência ainda mais palatável.

Tem um livro muito fodido que se chama *Do que estamos falando quando falamos de estupro*. É de uma indiana, chamada Sohaila Abdulali, que viveu um estupro coletivo na Índia e escreve sobre isso, sobre o que é o estupro. E ela fala uma coisa que me marcou profundamente. Ela questiona: "Que mundo a gente teria construído, que mundo a gente pode construir ainda, se as mulheres não passassem grande parte das suas vidas sobressaltadas e com medo?".

Ela fala de um tempo físico que se perde. Um tempo real que se perde sentindo medo. Ela, por exemplo, conta que um dos estupradores chegou por trás dela. Então, sempre que alguém chegava por trás dela, ela perdia um tempo real ao tomar um susto, depois se recuperar desse susto, para só então conseguir voltar a produzir. É um tempo real, cronometrado. E outra coisa que me deixou muito impressionada é quando ela fala assim: "Quando a mulher se culpa, às vezes, é a única ferramenta para que essa mulher se mantenha de pé. Porque quando ela se culpa, ela individualiza". Tipo: "Aquilo aconteceu comigo porque eu estava na rua errada, na hora errada"; "Aquilo aconteceu comigo porque eu me relacionei com um homem mau"; "Eu tenho dedo podre"; "Eu usei uma roupa que não devia"; "Eu provoquei meu avô porque eu estava com aqueles shorts"; "Eu não notei de fato que meu padrasto estava me olhando daquele jeito". Então, eu individualizo uma questão, me encho de culpa daquilo, pra que eu tenha a sensação de algum controle sobre aquilo. Pensar que se é culpada por aquilo traz alguma gerência, alguma sensação de controle, de que aquilo poderia ser evitado. Mas não poderia. É muito, muito perverso. Se a culpa for ultrapassada, ela perde o controle, deixa de regular e passa a ter a chance de aquilo ser politizado, compreendido como sistêmico. Dessa forma, o estupro que aconteceu com uma mulher regula todos os corpos, e gera pensamentos como: "O que eu posso fazer para que isso não aconteça comigo?". Ou seja: "O que ela fez que não devo fazer?". A pergunta, quando pautada na culpa, não está em por que o homem estupra, e sim em por que a mulher é estuprada.

Quando o estupro ganha uma dimensão sistêmica, a frase "todo homem é um estuprador em potencial" ganha força. "Ah, mas eu não sou estuprador." Sim, tudo bem. Que bom que você não é estuprador, mas a ferramenta está na sua mão. Você pode usar ou não usar.

Por que ela não se separa? Eu vou contar uma coisa pra vocês. Se separar da violência é a coisa mais fácil que tem. O difícil é se separar do afeto. O homem violento não é só violento. Ninguém se apaixona pela violência, se apaixona pelo afeto. Se apaixona pelo cuidado, pelo livro que trouxe, pelo restaurante, pelo chá que fez quando você estava com cólica. Pela viagem inesquecível que vocês fizeram. E aí, essa violência vai ocupando um espaço que a gente ainda nomeia como afeto. Então, "ahh, quando ele me pegou pelo braço, foi porque ele me chamou quatro vezes e eu não entendi. Foi por isso que ele me pegou pelo braço". "Quando ele falou pra eu não sair com aquela amiga, realmente, aquela amiga não é muito boa." Então, a coisa vai se estruturando.

A mesma mulher que é cobrada para sair sozinha da relação abusiva também ouviu: "Homem é assim mesmo, não vai se separar, você precisa entender. Ele é um bom pai". Sabemos que, quando uma mulher sofre uma violência e vai pra delegacia, é comum ouvir: "Que roupa você estava usando?", "Tem certeza de que vai denunciar?", "Ele pode ser preso". É sistêmico, essa é uma forma de o patriarcado atuar no nosso cotidiano, ele está em todos os lugares. Ela precisa sair sozinha daquela situação. E todo esse peso é da mulher, porque ninguém vai ao cara para dizer: "Eu não vou mais jogar futebol com você porque eu soube que você bateu na sua mulher". Já a mulher está sem sair de casa, com o olho roxo, perdeu o emprego, está sozinha, sem apoio. E o cara continua legitimado, jogando bola com os amigos.

Quantas vezes pra sair de uma cantada a mulher diz: "Meu namorado tá chegando"? Ela não é respeitada por si. Ela é respeitada por ser propriedade de um homem. A cantada para pelo respeito de um homem por outro homem.

A relação de afeto e violência está intrinsecamente ligada e conectada. Muito por conta, talvez, principalmente, dessa construção de amor romântico que os contos de fadas colocaram na nossa cabeça de maneira muito eficiente desde muito cedo. Desde crianças, muito pequenininhas, temos acesso a isso e a manutenção desse imaginário vai até a idade adulta. Não é algo que passa depois que você cresce. Não passa. É algo que vai recebendo novas roupagens. Esse imaginário vai pra música, aí vai para as novelas, aí vai pros romances, aí vai para o Instagram, aí vai pro mundo perfeito daquela moça que tem aquele marido maravilhoso, e continua... Vai tomando todos os espaços, proporções e esferas do nosso cotidiano e da nossa maneira de compreender essa construção de amor romântico.

Como aquilo foi contado pra nós, como ainda é contado pra nós e, se a gente não tomar cuidado, como será contado para as que virem depois de nós. Como que, mais do que corriqueiro, é esperado que a gente viva situações de violência dentro da afetividade. Então, a violência é como se fosse uma condição da afetividade: para que você seja feliz de fato com alguém, a violência é uma condição *sine qua non*. E não é. Dá pra ser de outro jeito.

Vai se construindo essa relação de afeto e violência desde muito cedo e muitas vezes os espaços que são espaços para aprender o carinho, a segurança e a afetividade são permeados por violência. Quando, por exemplo, se vive numa casa violenta, e não estou falando aqui só de violência física, estou falando também de quando se acostuma com a falta de gentileza, de cuidado, de atenção. Quando a brutalidade é a comunicação cotidiana (por um milhão de motivos que também passam pela perversidade da construção patriarcal capitalista), se aprende que a violência pode ser uma faceta da afetividade. É possível ter uma mãe ou um pai que grita como manifestação de cuidado... "Então isso é problema meu e da minha mãe?" Não! O pai e a mãe fazem o que dá, aliás, todo mundo aqui faz o que dá. É a mesma coisa a gente dizer que o machismo é problema da mãe porque a mãe educa filho e filha de formas diferentes.

É como a mãe da menina que a colocou na Escola de Princesas. "Se minha filha estiver em consonância com o que se espera dela, ela pode ser menos violentada?" Essa é uma ferramenta de cuidado, dura, perversa, bizarra, mas é a oferecida por esse sistema duro, perverso e bizarro. E, antes que eu me esqueça, não, ela não corre menos riscos por isso, nem se ticar todas as qualidades que se espera dela, nem assim ela estará ilesa, isso porque o sistema patriarcal capitalista é construído de forma tal que não tenha saída possível para as mulheres.

E como a gente foi aprendendo as nossas funções sociais de maneira tão escancarada e eficiente? Por exemplo, nos contos de fadas. Em "A Bela e a Fera", qual é a historinha que nos contam? A Bela é uma mulher que ama a Fera. Que o amor supera todos os obstáculos e que a aparência não importa! Mas a Bela é bela, então a aparência que não importa é a dele. Aí eu vou contar para vocês a nossa tradução dessa versão, a que a gente usa nos jogos do Atreva-se!: A Fera sequestra a Bela, a Bela pede para ser trocada pelo pai, porque uma casa não pode ficar sem a representatividade do homem. O que é o patriarcado? Resumindo bem, o patriarcado é a dimensão de que o homem é o representante do Estado dentro de casa. A Fera acata o pedido.

Então, o pai volta pra casa e a filha fica com a Fera, trancada num castelo lindíssimo. O que é isso? Sequestro. Ela está em cárcere privado e, depois de um longo período de solidão, ela não tem mais amigos, não pode sair da casa, perdeu sua rede de apoio...

Ela começa a fazer o quê? Conversar com caneca, relógio, candelabro, dá nome aos objetos, faz com que os objetos ganhem a dimensão da afetividade, do convívio. Fazendo uma rápida digressão, eu me lembro que uma vez estava na casa de uma amiga cuja mãe era uma exímia dona de casa. Ela estava dando conselhos para uma recém-noiva e dizia: "Trata bem a sua máquina de lavar roupa, ela será a sua melhor amiga...". Talvez a Bela tenha entendido isso... Diante desse quadro, de absoluta carência e solidão, ela vai para um baile (baile?), é tirada para uma dança com a Fera e, num descuido, se apaixona! E o amor que ela sente por ele o transforma em um príncipe.

O que é que estão contando para a gente? Que ele pode te sequestrar, violentar, tirar todas as suas redes, ele pode romper com todas as suas relações de afeto, e, ainda assim, a responsabilidade de transformar essa fera num homem possível é sua. Se você amar de verdade, ele pode deixar de ser violento e abusivo e se tornar um príncipe encantado... Estão falando isso para as nossas crianças desde que elas têm três anos de idade.

Cinderela? Dentro da constituição da ideologia vigente, o conto "Cinderela" é didático, ensina passo a passo o que a ideologia patriarcal capitalista espera de você, mulher! Primeiro que é assim, se reparar bem, as mães, que são as mulheres que poderiam ser legais, estão mortas. As mulheres ocupam quatro espaços possíveis: morta, tonta, vilã ou uma alucinação (as fadas madrinhas). Por quê? Porque já é colocado nas mulheres que não podem ser amigas, que têm que disputar entre si a atenção de um homem e de toda ou qualquer coisa. Pois bem, vai rolar um baile. O Rei decretou que o Príncipe precisa casar e nesse baile ele vai escolher a felizarda. Para o baile são convidadas todas as jovens da região. Todas. O que estão dizendo? Um único homem tem o poder de fazer uma festa para escolher com quem ele vai se casar. Todas as mulheres estão lá para serem escolhidas. E ele se casa com quem? Com a moça que perdeu o sapato. Não tem nem critério, a gente não consegue saber nem qual é o critério que você tem que atender para ser escolhida. E ainda assim, quando lemos, pensamos: "Será que eu vou ter essa sorte?". Não à toa, depois de crescidas, levamos tanto tempo nos arrumando e escondendo nossas "imperfeições", afinal vai que o nosso príncipe está na festa que vamos hoje?

Mas, em "Cinderela", entendemos que existe um espaço legitimado de poder, que é dado por um homem, que vai legitimar, ou não, uma mulher. Então, a mulher faz o que for necessário para ficar ao lado desse homem. O que é isso se não a pauta clara da objetificação da mulher? E também a autorização da disputa de poder entre mulheres: a menina aprende desde cedo que pode disputar com outras mulheres que estão ao seu lado para ganhar um troféu de estar com um homem. Que a única coisa importante que essa menina tem para fazer na vida é se casar. Eu estou falando isso em 2021! Quem está sozinha sabe o que é o peso de todo o mundo perguntando o todo tempo: "você já conheceu alguém?". E essa disputa ocorre porque é a forma que nos ensinam a estar em um espaço legitimado – pois só o homem oferece essa legitimação. Lembram que mencionamos Simone de Beauvoir falando sobre "um" e "outro"? Parece que a Cinderela não leu *O segundo sexo*.

Branca de Neve é bonita demais. Ela é uma ameaça por ser uma menina bonita. Ela é uma ameaça para uma mulher que não é tão bonita quanto ela. Que é amiga do espelho e fala: "Meu Deus, quem me oferece riscos nesta vida?". E recebe a resposta: "A menina adolescente, filha do seu marido que ficou viúvo da mulher legal que morreu". Resultado: a madrasta, a mulher má, manda um caçador entregar a ela o coração da Branca de Neve. Ele a encontra, mas, por ser um homem com coração, não consegue matá-la, avisa a ela que ela corre risco e a deixa sozinha na floresta. Ah, que bonzinho ele é... Então a Branca de Neve vai andando pela floresta, encontra uma casinha que está uma zona e na qual entra. Descobre que essa casinha é de sete homens adultos. E a casa precisa de uma mulher para que tenha alguma dignidade. Porque sete homens adultos não são capazes de lavar roupa e estender, lavar a louça, fazer comida etc. Os sete homens pensam em expulsá-la, mas logo percebem as vantagens de ter uma mulher em casa. Depois que ela deixa a casa organizada e limpa, ela volta para a floresta e aí essa mulher horrorosa que é a madrasta dela se transforma em uma velhinha e oferece uma maçã pra ela. Ela come a maçã e fica desacordada por causa do feitiço. Pois então um homem, que estava andando no meio da floresta, vê aquela moça deitada e dá um beijo nela, retirando-a do sono profundo. E ela, agradecida, diz "que bom", e vivem felizes para sempre. O que tudo isso mostra pra gente? Que se você estiver inconsciente uma pessoa pode dominar o seu corpo. E mais, que isso é algo sobre o qual você não tem controle e é legítimo que o homem faça. Então, que você não se torne inconsciente jamais, caso não queira ser beijada, abusada e/ou estuprada por um desconhecido. Porque se você se tornar inconsciente, aquele corpo estará a serviço de quem o encontrar.

Robson, o jogador, que eu não chamo mais de Robinho depois que a Rebeca Lerer, ativista social, falou que se recusa a chamar um homem de 34 anos no diminutivo, disse: "Estou rindo e nem aí, porque ela estava bêbada".[15]

No caso da Pequena Sereia, a ideia é a seguinte: o amor vale qualquer sacrifício, então, deixe de ser sereia para casar com o cara com quem você quer casar. Esse é um jeito que arrumaram para dizer: "Deixe de ser quem você é". Simples assim. Abra mão daquilo que você é e que te torna exatamente o que você é. Para isso, ela deixa de cantar e perde sua cauda de peixe, para poder estar com ele. A pesquisadora Valeska Zanello, que eu acompanho bastante, sempre cita uma frase de uma cena de uma violência muito requintada e sofisticada. Quando a Úrsula (vilã da história) diz à Pequena Sereia: "Você não precisa de voz quando tem um belo quadril". O que estamos ensinando para as nossas crianças? Você não precisa de voz! Você não precisa de voz!

Engraçado como as maiores atrocidades saem da boca de personagens femininas... Isso é muito parecido com a lógica da construção da identidade branca como uma identidade boa e da construção da identidade preta como uma construção de alguém perigoso e perverso. Quando se veem as imagens, por exemplo, das pessoas escravizadas, sendo açoitadas, elas são açoitadas por outras pessoas pretas. O branco não bate, ele coloca uma pessoa preta para bater.

A maldade não é feita pelo homem. Raríssimos são os vilões nos contos de fadas. Normalmente são vilãs. Elas sofrem nas mãos de mulheres. Mesmo que ela tenha sido sequestrada por um homem, esse homem é um doce de pessoa. Mesmo que ela tenha sido beijada dormindo por um homem, esse homem é um doce de pessoa. Mesmo que ela tenha o seu quarto invadido por alguém no meio da noite e tenha sido arrancada de lá, como no caso da moça que fica presa na torre, como a Rapunzel, esse homem vai fazer bem pra ela, ele é um doce de pessoa.

E toda essa análise é feita muito dentro da perspectiva da Branquitude também, por quê? Porque a construção de que as mulheres são adornos e cartão de visita é colocada para nós como mulheres brancas, porque as mulheres pretas nunca ocuparam esse espaço. Então existem abismos que vão construindo uma narrativa de Branquitude, de heteronormatividade, de função social etc.

O que os clássicos infantis começaram a perceber? Que as mães da nova geração são mulheres familiarizadas com os discursos feministas. Então, decidiram vender para esse público e jogar essa galera na prateleira para gerar consumo. Como fizeram isso? Criando personagens que trazem em si a dimensão de que a luta é só delas.

Moana é a mais bonitinha, ela porta, sozinha, todos os sentidos de combate. Ela não é legitimada na escolha dela – na verdade, nenhuma delas é: nem Moana, nem Valente, nem Frozen.

Então, para conseguir o que ela quer, ela precisa vencer todos os monstros e mares sozinha para provar que é capaz. Quem consegue vencer tantas coisas assim sozinha? Esse é o discurso da meritocracia: não importa o quão fodide você esteja na vida por causa da estrutura da sociedade, se você não conseguir é porque você é fracassade.

A Frozen é trancada no quarto porque a mãe e o pai a amam. Olha como afeto e violência se misturam. Ela tem a capacidade de congelar o que toca e, para protegê-la, os pais a prendem no quarto. Para ela, é uma maldição. Mas se fosse um menino provavelmente seria bem diferente. Congelar coisas seria um superpoder e ele estaria salvando vidas num dos filmes dos X-Men. Então, para você ser o que você quer ser sendo mulher, você precisa entender que você vai ser sozinha, sem apoio. No caso da Moana, ela precisa pegar a jangada e enfrentar o oceano. No caso da Frozen, precisa criar seu próprio castelo de gelo para viver livre. Se você, que está ouvindo aquela história, achar que não dá, casa que é melhor. Mas se você achar que é possível enfrentar, vai! Mas você está sozinha. Porque você nunca vai ser endossada socialmente por isso. Aí você vai ser o quê? A exceção. Você não vai ser o que legitima, você vai ser a exceção.

A construção da pornografia, por exemplo, é calcada na mesma narrativa das princesas. Numa narrativa servil, em que o nosso corpo - um corpo-produto - está à disposição do homem. Que aquilo que ele fez com a gente não foi um estupro, mas a realização de uma fantasia. Óbvio que isso tem um milhão de camadas, mas eu estou dizendo no macro, na construção da narrativa. É possível pensar que a pornografia nasceu dos mesmos princípios dos contos de fadas. Só que um fala para crianças a partir de três anos e outro fala para adolescentes de treze, quatorze anos até chegar à idade adulta. Então a gente tem uma construção de realidade, um arsenal de signos para criar uma sensação de realidade de uma maneira absolutamente deturpada.

Vamos pensar no caso do goleiro Bruno. Ele mata, esquarteja e joga a mulher para os cachorros comerem.[16] A gente pensa: "Nossa, parece mais um filme B". Corta a cena. Bruno vai preso e quando sai da cadeia tem pessoas usando máscaras de cachorro e fazendo fila para tirar foto com ele. Como se tudo isso não fosse pavoroso o bastante, tem um canil que decide patrociná-lo. O canil não recebe nem uma nota dizendo que ele não pode patrocinar o Bruno, porque ele pode, porque a estrutura patriarcal autoriza que o Bruno seja ovacionado como um homem que esquartejou uma mulher. Dentro da nossa bolha, a gente acha um absurdo. Mas não é, pois essa construção de narrativa não é algo particular e pessoal. É algo simbólico e coletivo.

Quando o goleiro Bruno, mesmo condenado por homicídio triplamente qualificado, é patrocinado por um canil, estão nos dizendo que a vida da mulher não vale nada, estão dizendo sistemicamente. Então, criei esse mantra: "Se responsabilize pelo seu amigo bosta." E canto esse mantra para os adolescentes toda vez que vamos às escolas. "Eu sou responsável pelo meu amigo bosta, eu sou responsável pelo meu amigo bosta". Por quê? Porque a mulher perde todas as redes, mas o parceiro continua jogando futebol quarta-feira à noite com os manos, com os *brothers*, na *brotheragem*, porque "comigo ele não fez nada, ele é boa gente" ou "em briga de marido e mulher não se mete a colher".

Em 2019, assisti ao espetáculo *Elizabeth Costello*, uma peça de teatro baseada numa obra do J. M. Coetzee, um escritor sul-africano ganhador do Nobel de Literatura em 2003. Um homem branco, sul-africano, muito sensível, que fala muito sobre o universo da mulher. Ele escreveu um romance sobre uma feminista do século XIX. Esse romance virou uma peça de teatro com a atriz Lavínia Pannunzio em cena, que é uma puta atriz foda. Meu companheiro estava fazendo a luz desse espetáculo, e então lá fui eu assistir. Eu estou assistindo e estou me torcendo na cadeira. Em determinado momento, ela diz algo assim: "Quando eu tinha 16 anos, eu estava andando na rua e um homem horroroso saiu do meio do mato e me pegou, me estuprou, me violou e acabou comigo. Naquele dia vi o mal encarnado naquela pessoa". Duas frases depois, ela diz: "Vocês devem estar se perguntando por que é que eu nunca contei isso para ninguém. Eu nunca contei isso para ninguém porque existem coisas que é melhor a gente guardar no silêncio do coração". E segue a peça.

Olha a perversidade dessa narrativa. Primeiro, o que é que a gente está vendo? Uma feminista do século XIX falando pelo corpo de uma atriz. Só que a fala daquela mulher foi construída por um homem, para uma plateia em que, provavelmente, há mulheres abusadas e estupradas, porque em qualquer lugar que estivermos elas estarão. Toda noite, há uma espécie de ressilenciamento das histórias dessas mulheres da plateia. Isso é composição de narrativa, porque vamos ouvindo em muitos lugares diferentes que as violências vividas pelas mulheres devem ser silenciadas. Então, se uma mulher feminista opta pelo silenciamento, como que eu vou denunciar? Mas quem diz isso, na verdade, é um homem. Olha o nível de sofisticação com que essa narrativa vai se construindo e se mantendo.

Mais um silenciamento, de uma narrativa construída, que também serve para isso. Logo em seguida, o documentário *O silêncio dos homens* é lançado. Uma empresa de beleza[17] focada nas mulheres patrocinou[18] e todes adoraram. Ele diz que a masculinidade é tóxica e que os homens estão tentando melhorar.

Corta a cena. Um homem mata a mulher e a filha. "O advogado Claudio Dalledone Junior, que defende o delegado Erik Busetti, afirmou que o cliente está 'desolado com a tragédia que vitimou ele.'"[19] É isso, o advogado diz que o assassino foi vítima de si próprio e que está estarrecido com a tragédia que assolou a sua vida... Sim, para o advogado do feminicida, ele foi vítima de si próprio. E elas foram vítimas da vítima... Quase uma fatalidade.

A questão é que isso não pode mais nos parecer uma defesa absurda, violenta, perversa, afrontosa. Ela está pautada, é defendida e compreendida como possível a partir do momento que endossamos e incensamos uma ação construída a partir da narrativa do filme. O problema é o filme em si? Não. O problema são aqueles adultões que estão tentando ser melhores? Não. O problema está em gostarmos do filme? Não. O problema é se o filme nos emociona? Não. O problema é ter mulheres no filme endossando o discurso? Não. Então onde está o problema? No meu ponto de vista, o problema está em assistir, produzir, dirigir, roteirizar, conseguir patrocínio, divulgar e compartilhar com amigues sem se perguntar "a quem serve essa narrativa?". Se nós não estamos atentes a isso, o capital está, o patriarcado não dá ponto sem nó...

Os discursos estão aí, as ferramentas de poder estão prontas para se apropriar do que for preciso, feminismo vende, feminismo que defende a narrativa individual vende muito, e feminismo que apoia um discurso tão violento sem se perguntar a quem serve ajuda a construir uma defesa como essa. Se nós não sabemos a quem serve, elus sabem.

"Meu corpo, minhas regras" é mentira. Se qualquer mulher quiser fazer uma laqueadura pelo Sistema Único de Saúde (SUS), por exemplo, não conseguirá, não farão. O marido precisa autorizar. AU-TO-RI-ZAR![20] Então, enfim, é mentira.

Então, a gente precisa falar sobre consciência política. Talvez, se olharmos um pouco para as estruturas fique mais fácil compreender que nós, como indivíduos, não somos compostos de todas as narrativas de poder (ou só por elas), mas como quem é veículo também dessa representatividade dos signos de poder (ou da falta deles).

Eu costumo chamar os estupradores de capangas do patriarcado. São capangas! Não é que ele tem o poder em si, ele representa o poder. Estuprador é capanga. Que machuca muita gente, mas é capanga. E pensá-lo como capanga é para mim uma vingança, uma chance de ridicularizá-lo, diminuí-lo, tirar essa dimensão de poder.

E há capanga de direita, há capanga de esquerda, há capanga novinho, há capanga velho, há capanga preto, branco, amarelo, e há até mulher capanga... E a gente precisa falar que isso, a legitimação desse capanga, está em muitos lugares, inclusive onde a gente menos espera, no conto de fadas que a tua filha/sobrinha/afilhada de três anos está assistindo. Isso nasce lá. Ali é um dos sumidouros, um dos berçários. A gente precisa ter consciência disso.

A narrativa que sustenta esse sistema naturaliza violências extremas. Torna palatáveis violências num nível absurdo que eu nem sei traduzir. A gente acha possível criança dormir na rua. Famílias inteiras morarem na rua quando há prédios vazios fechados por conta da propriedade particular. Entre inúmeros outros exemplos. A violência doméstica é um dos retratos das violências que a gente engole, tolera, suporta e/ou nem liga.

5

> "Estamos cansados de saber que nem na escola, nem nos livros onde mandam a gente estudar, não se fala da efetiva contribuição das classes populares, da mulher, do negro do índio na nossa formação histórica e cultural. Na verdade, o que se faz é folclorizar todos eles."
>
> LÉLIA GONZALEZ,
> EM *Por um feminismo afro-latino-americano*

Tem muita gente importante de luta na academia, mas também tem muita gente fora da academia. Eu acredito em quem luta. Sigo essas pessoas e busco entender quais são os movimentos que estão acontecendo.

E há muitas formas de luta. **O humor é uma que eu uso muito.** Eu tiro sarro, por exemplo. Vou fazendo piada, desconstruindo, deixando todes bem desconfortáveis, ficando meio doides... Essa é uma prática que eu faço no meu cotidiano, na minha vida, com amigues, no meu casamento, na minha família. Tirar de determinada situação a condição de imutável, desconcertar o churrasco inteiro dizendo que não entendi uma piada machista/

transfóbica/racista e pedir para o piadista explicar. Conseguir achar graça dos absurdos da ideologia vigente, revelar o quanto aquilo é frágil, risível. Rir dos machos batendo no peito, da fragilidade da Branquitude, da bizarrice da cisgeneridade. Revelar que é perigoso, mas que também é ridículo.

Outra estratégia é não individualizar e ainda assim entender como a estrutura passa pelo outre. Não é possível colocar na história de uma pessoa as significâncias do patriarcado. O outre revela o sistema, tanto o indivíduo que foi vítima quanto o outre que gerou opressão. Quando se compreende que o outre revela uma estrutura, é muito mais fácil compreender a estrutura e não ficar aliviada. Porque, tipo: "Ah, o Robson foi preso, então eu fico aliviada". Não, eu não fico aliviada. Eu não fico aliviada porque o sistema continua exatamente como ele tem que estar, o Robson vai preso e o estupro continua solto. Se vocês tiverem curiosidade, leiam *Estarão as prisões obsoletas?*, da Angela Davis. É maravilhoso. O sistema penitenciário não é sobre crime, é sobre punição, vingança. O sistema de saúde não é sobre saúde, é sobre doença, sobre remédios. O sistema de educação não é sobre educação, é sobre comportamento, como cada classe (social) deve se comportar e como cada pessoa deve representar seus papéis sociais. É sobre ferramentas de controle de poder dentro da sociedade patriarcal.

É muito fácil cair na armadilha de que o Fernando Holiday não pode ser de direita. Porque ele é gay e preto. Então, se ele é gay e preto, ele não pode ser de direita. Mas ele pode, óbvio que ele pode. Ele pode ser quem ele é. Existe uma lógica de controle de poder, inclusive na Branquitude e na heteronormatividade, de que aquele sujeito precisa representar... Isso não é uma consciência política nem passa pela consciência política. Eu gosto do Chico Mendes, que diz o seguinte: "Ecologia sem luta de classes é jardinagem".[21]

É um pouco sobre isso. Pensamento feminista sem consciência política e/ou de classe é salão de beleza.

Então, a gente tem, por exemplo, um processo de colonização em que o estupro é uma ferramenta de guerra. O estupro é uma ferramenta de guerra e não é de hoje, o estupro é uma ferramenta de guerra desde sempre, desde que o patriarcado se instaurou como possibilidade de organização. Quando um povo chega e coloniza outro povo e utiliza o estupro como uma ferramenta de guerra. É uma ação feita entre dois homens, é um homem que precisa colonizar aquela terra e um homem que vai perder aquela terra. Então, ter uma mulher, mesmo não sendo a dele, não precisa ser a dele, ter a mulher da comunidade, estuprar, é uma maneira que um homem tem de deslegitimar outro homem. A mulher não tem nada a ver com isso, a mulher é uma ferramenta de controle de poder que é usada de um homem opressor contra um homem oprimido.

Nós vivemos socialmente numa estrutura em que ser um estuprador em série garante controle e poder. Tem um filme incrível que fala disso, *Nanette*, da Hannah Gadsby, ela é didática em relação a esse tema. Ela fala assim: "Ah, o Picasso inventou o cubismo, eu vivo sem o cubismo, eu vivo mal sabendo que o cara que inventou o cubismo estuprou uma menina de 17 anos". Eles podem dizer, podem verbalizar que eles estão no melhor momento da vida deles, qual é o melhor momento? Ele, um velho pintor de 50 anos, ela uma adolescente de 17 anos. Ele pode ser um músico de 40 e ela, uma garota de 13 anos. É sobre toda uma narrativa na qual a gente romantiza o fato de aquela menina ter sido escolhida por aquele cara mais velho. Um homem que consegue se imaginar casando com uma menina de 13 anos tem algum problema. Mas, então, qual é a justificativa: "homens de 40 anos são moleques". Porém, "meninas de 9 anos já sabem o que estão fazendo". Essa é a narrativa.

6

"Não é o Eu colonialista nem o Outro colonizado, mas a perturbadora distância entre os dois que constitui a figura da alteridade colonial - o artifício do homem branco inscrito no corpo do homem negro."

HOMI K. BHABHA, EM *O local da cultura*

Eu sou diretora artística e roteirista de eventos corporativos, vivo no olho do capital há 20 anos. Já trabalhei com muita gente e com grandes empresas brasileiras. Nesse período todo, sabe quantos diretores artísticos negros eu conheci que fazem o mesmo que eu, para as mesmas empresas? Um. Apenas um. O que me leva a entender o seguinte. Eu cheguei aonde cheguei primeiro porque eu sou branca e depois, bem depois, porque eu sou boa. Então, o que meu corpo carrega de signo é aceitável para esse trabalho que eu faço, por exemplo.

Eu demorei muito tempo para perceber o racismo institucionalizado. Demorei porque pude demorar. Me dei conta, em uma de minhas imensas conversas com a minha amiga ativista, jornalista, feminista e documentarista, Maitê Freitas, que eu, mesmo tendo sido formada dentro da bibliografia da esquerda, mesmo sendo artista e engajada em movimentos de luta, ainda assim, o único autor negro não ficcional que eu havia lido era o Milton Santos. Eu nunca havia lido autores como Beatriz Nascimento, bell hooks, Abdias do Nascimento, Angela Davis (e nem sabia da importância deles)...

Então eu li Abdias do Nascimento... Se eu nunca tivesse lido Abdias do Nascimento, eu poderia ainda achar que *Casa-grande e senzala* fosse um bom livro... Se eu nunca tivesse lido Abdias, eu poderia não me perguntar por que sempre vivi em casas que tinham empregadas domésticas, porque era tão natural que alguém arrumasse a minha bagunça, a minha sujeira, fizesse a minha comida...

Não falo aqui das escolhas que vieram depois de alguma formação intelectual de esquerda, da questão de classe, da exploração etc. Essas questões, de alguma forma, eu fui tentando rever, fui tentando atuar sobre elas. Falo do que é normatizado dentro do racismo estrutural que permeia absolutamente tudo na nossa sociedade – a última a abolir a escravidão em todo o mundo! Eu aprendi muitas mentiras que geram, como diz Frantz Fanon, em *Pele negra, máscaras brancas*, ou o que eu entendo do que ele diz, uma distorção absoluta da realidade.

Na escola, na rua, em casa. Dificilmente se ensina que mulheres negras e indígenas foram sistematicamente estupradas por colonizadores e homens brancos; que foram obrigadas a serem reprodutoras de mão de obra; que tiveram seus filhos arrancados, transformados em escravos, para servirem à Branquitude e o que ela chamou de sociedade. E que essa narrativa continua a se perpetuar toda vez que uma mãe preta enterra seu filho.

Em 2019, quase 5.000 crianças foram mortas de forma violenta no Brasil. Desse total, 75% eram crianças negras.[22]

Eu posso listar, infinitamente, exemplos de como o racismo sustenta o privilégio de pessoas como eu e de como ele é convenientemente perpetrado, como está na base das relações. Escrevo este texto para ler e reler, tenho certeza de que nele ainda há uma série de equívocos que eu ainda não sou capaz de perceber.

"A Branquitude como um lugar estrutural de onde o sujeito branco vê os outros, e a si mesmo, uma posição de poder, um lugar confortável do qual se pode atribuir ao outro aquilo que não se atribui a si mesmo."

Ruth Frankenberg[23]

Eu tenho pensado muito sobre essa questão do lugar de fala. Para nós, brancos, é um troço, né? Mas o lance é que a Branquitude raramente se coloca no lugar de fala como quem oprime. Mas esse é também o nosso lugar de fala, é também o lugar de fala do opressor. Por isso que, vira e mexe, esse conceito é discutido e apedrejado. Porque é difícil eu me entender como um corpo que oprime. Mas, sabendo que a minha manifestação no mundo é uma manifestação opressora, talvez eu consiga atuar conscientemente nessa narrativa (se não compreendermos a narrativa, ficaremos achando que depende da gente. Se a compreendermos, teremos a certeza e talvez possamos nos organizar melhor!).

E, quando não se entende o básico, se exige para a negritude, para as pessoas trans, para os indígenas a tarefa de ensinar, de acolher, de mimar. Ainda mais nos dias de hoje, quando temos inúmeras pessoas incríveis e generosas compartilhando conhecimento e pensamento pelas redes sociais. Inclusive, o próprio Movimento Atreva-se organiza esse pensamento nas redes sociais. Nós entrevistamos mulheres maravilhosas para o nosso podcast. Cada mulher indica um livro. Cada livro vira uma conversa! Tem assunto que não acaba mais!

É só pensar no seguinte. Imagina duas pessoas andando à noite. Quem corre mais risco? Bom, se estou eu e uma mulher preta, a mulher preta corre mais risco do que eu; se estou eu e uma mulher trans, a mulher trans corre mais riscos do que eu; se estou eu e um homem preto, eu corro mais risco do que o homem, dependendo do lugar que eu estiver, porque em outro lugar um homem preto corre mais risco do que eu. Faz essa imagenzinha rápida na rua. É fácil, não importa o que eu acho do mundo. Não importa. Existe algo maior do que as opiniões pessoais que é a ideologia vigente. Ela atua sobre nós, a gente querendo ou não.

Homens pretos são assassinados em locais públicos, crianças pretas desaparecem aos montes, crianças trans são assassinadas a socos e pauladas... O mundo não para. Pessoas brancas que pregam a supremacia branca invadem o Capitólio[24] e a polícia negocia. Parou para pensar se fossem pessoas não brancas que tivessem invadido o Capitólio, o que teria acontecido? O privilégio é tanto que nem precisa de exemplos imaginários...

Quando eu li o livro de Frantz Fanon, *Pele negra, máscaras brancas*, isso ficou ainda mais evidente, porque o racismo estrutural molda e define a nossa subjetividade. O que eu entendo de Fanon é isso: o inconsciente coletivo do Jung é branco, assim como o de toda a literatura da psicanálise e da psiquiatria. Ele diz algo assim (ou que eu, pelo menos, compreendo assim): o racismo não é perverso e violento só para a pessoa preta, o racismo traz uma noção de superioridade para a pessoa branca que é uma mentira, traz uma completa distorção da realidade que nos distancia da experiência da vida.

Não é só violento, é violento e mentiroso, porque traz para a pessoa branca uma dimensão de poder e controle que é mentira, é forjada, é narrativa. Como isso se dá no dia a dia? Nas coisas mais banais do cotidiano (sempre o cotidiano, revelando o que queremos esconder): quantas vezes pessoas brancas não falam com pessoas pretas com cautela, mais devagar, infantilizando o interlocutor, como se precisasse de mais didatismo? Porque, ao infantilizar aquele corpo, eu não dou uma dimensão política real e forte de potência que eu dou para uma pessoa branca. Tudo isso eu fui percebendo enquanto estudava, lia e me aprofundava no pensamento dos intelectuais pretos e trans.

A Maitê Freitas, ativista preta (que escreveu o delicioso prefácio deste livro), fala um troço que eu acho maravilhoso: "O racismo não é problema nosso. É problema de quem criou. Quem criou que resolva". E é isso mesmo. Ela também diz o seguinte: "Tem porta que só se abre por dentro". Quando a chave está na mão, o que eu faço com ela?

A Branquitude estrutura as dimensões da vida, porque a Branquitude se entende como universal – a Branquitude que detém os meios de produção e que ocupa os altos cargos de poder no mundo inteiro, sejam cargos políticos, sejam dentro das empresas. E a Branquitude dimensiona a vida de forma binária. Porque é lucrativo categorizar. A partir do momento que se categoriza e cria funções sociais específicas para cada corpo, é possível explorar de forma mais eficiente.

Então, a Branquitude olha um preto e diz: "Ah, esse cara tem força para construir minha casa"; "Essa mulher dá uma ótima doméstica"; "Essa transexual serve para eu realizar as minhas fantasias" – dessa forma se destitui da pessoa a condição de sujeito. A narrativa da ideologia vigente cria uma função social biologizante para criar uma lógica de violência. E de uma violência que se naturaliza e normatiza. Então, aquela violência é normatizada para que aquela estrutura passe a ser verdade – a narrativa criada para sustentar uma sociedade capitalista-patriarcal-colonial.

A história da colonização é uma história de estupro, feito por homens brancos em relação a mulheres de tribos originárias ou povos originários, mas se construiu uma narrativa em que o estuprador é um homem preto, se distanciando daquilo que se faz para continuar fazendo.

"Enquanto o *sujeito negro* se transforma em inimigo intrusivo, o branco torna-se vítima compassiva, ou seja, o opressor torna-se oprimido e o oprimido, o tirano."

GRADA KILOMBA, EM *Memórias da plantação*

A gente tem uma morte a cada 23 minutos de uma pessoa preta. Não é porque aquela pessoa preta estava no lugar errado, é porque vivemos numa lógica de extermínio da população preta. Concordando com isso ou não. A Branquitude faz com que os corpos pretos sejam assassinados, a gente querendo ou não. Então, bora gerar essas fricções para que esses espaços de conforto não sejam mais tão confortáveis.

Muitas vezes a gente se alivia quando diz: "Ah, mas isso é arquetípico", mas o Fanon já nos explicou que os arquétipos são construídos pelas pessoas brancas, os nossos arquétipos, no Brasil, são de fada e princesa. No nosso imaginário, não há Iansã, Jurema, Oxum... A nossa construção de imaginário e subjetividade é nórdica, europeia. Quer coisa mais bizarra que essa? Dá uma olhadinha no Papai Noel, sempre tem coisa mais bizarra. Assim também se constrói o imaginário.

7

"A grande diferença que existe do pensamento dos índios e do pensamento dos brancos é que os brancos acham que o ambiente é 'recurso natural', como se fosse um almoxarifado aonde você vai e tira as coisas, tira as coisas, tira as coisas. Pro pensamento do índio, se é que existe algum lugar onde você pode transitar por ele, é um lugar que você tem que pisar nele suavemente, andar com cuidado, porque ele está cheio de outras presenças."

AILTON KRENAK[25]

Por que a cosmogonia e a literatura indígenas assustam tanto? Já leram Ailton Krenak? Quando ele fala assim: "Não, não, gente, a gente não precisa trabalhar, a gente não trabalha". Ou: "Quem trabalha são vocês, a gente não trabalha, a gente existe".[26] E eu: "Nossa, meu Deus, e agora? Todos os meus trabalhos e coisas que eu tenho que entregar, como a minha planilha de Excel, perderam completamente o sentido". Ele propõe para a gente uma narrativa sobre a vida, de uma potência de vida que é um troço inacreditável.

A importância do termo cunhado por Achille Mbembe, necropolítica, inclusive dentro da academia, é algo que soa como novo e rompe com todas as lógicas de poder. E começa a ganhar força como um conceito norteador para compreender o mundo no século XXI, porque o que ele fala de necropolítica nos faz compreender a narrativa que a gente está vivendo, que não é uma política que não se importa com a morte, é uma política calcada na morte, que precisa da morte para existir. É uma

política que nos distancia da vida, que coloca a vida como algo perigoso, arriscado, e a morte como um lugar possível. Não é só a morte física, é a morte de muitas camadas de subjetividade, é a morte de quando eu olho um corpo e o defino. É uma invalidação do humano.

Por isso que a pandemia é tão potente. Não estou dizendo que ela vai salvar e mudar o mundo, mas a lógica de que a necessidade de um sapato foi construída fica evidente. Em contrapartida, a necessidade de um leito não é construída, é real. Precisamos de leitos. Realmente precisamos de um leito, não subjetivamente. Você realmente precisa de um leito e subjetivamente precisa de um sapato. Acho que isso é muito bonito, é muito forte, muito potente. E quando você ouve, por exemplo, uma narrativa da construção do pensamento de uma mulher como a Conceição Evaristo, ou quando vai ouvir o Kopenawa, o Krenak, a Joice Berth e a Juliana Borges, você percebe a urgência daquela narrativa e da necessidade daquele corpo, que, não sendo o seu corpo, não é menos corpo que o seu. Só que a narrativa do homem branco coloca os outros corpos a serviço do corpo dele, porque, de outro modo, não há controle. Se você não divide o mundo binariamente, não há controle. A quem serve que o mundo seja dividido binariamente? A quem serve que a gente seja homem ou mulher? A quem serve?

Ler *A queda do céu: palavras de um xamã yanomami*, do Davi Kopenawa, também me causou um espanto. Eu me lembro de ter perdido o ar quando ele falou que, para elus, a montanha é um espírito. Para nós, não. Mas para elus é e isso basta! É verdade, isso basta! Porque para alguém é, mesmo que não seja para mim. Então, aquilo importa e, aí, também nos altera. Por que a gente não pensa nisso? Porque fomos construídes, educades e planejades para pensarmos a coisa por uma única via, que é a via do lucro. Na via do lucro, você pode envenenar rio, matar criança, derrubar Mariana... Tudo isso vira fatalidade, que continua a existir, porque o lucro autoriza. Aí, depois, a empresa diz que, na verdade, fazer uma barreira era mais caro do que indenizar as famílias. Então, tudo bem deixar a população morrer! Isso não é diferente do "E daí?" do presidente Bolsonaro. Mas o presidente é o inimigo em si? Não, ele é fruto de uma série de questões que resultou nesse imbecil... Se o problema fosse apenas ele, estava tudo resolvido, porque a gente ia lá e acabava com ele. Só que o problema não é ele, o problema é que ele reflete o problema. O problema o atravessa.

Mesmo as experiências que a gente tem também não sustentam as nossas próximas experiências. Porque essa narrativa de que o patriarcado é uma evolução natural da humanidade também é uma narrativa. Então, a gente precisa se comprometer com o que a gente quer construir de realidade. Porque essa construção do patriarcado não é inerente ao ser humano. Ela é uma história contada há 5 mil anos. E, desses 5 mil anos, 300 anos foram dedicados a exterminar mulher. Se fala disso como uma coisa mitológica. Não é uma coisa mitológica, as mulheres foram queimadas na fogueira por 300 anos, apenas por serem mulheres. A gente tem na nossa coluna vertebral que o que a gente é, ser mulher, é perigoso. Talvez por isso que colem muito bem as narrativas de que a culpa é nossa, de que a gente estava no lugar errado, e essas coisas todas.

8

"Apesar das transformações na posição relativa das mulheres no exercício de trabalho remunerado fora de casa, elas continuam a dedicar muito mais tempo que os homens às tarefas domésticas e, por outro lado, a ter rendimentos bem menores que os deles na esfera pública. Há conexões entre um e outro desses problemas: a dedicação às tarefas domésticas se faz ao longo da vida, desde a infância. O tempo a elas dedicado se reverte em competências necessárias à reprodução da vida, mas pouco valorizadas na dinâmica do mercado."

FLÁVIA BIROLI,

EM *Gênero e desigualdades: Limites da democracia no Brasil*

Uma forma de sustentar a narrativa da ideologia vigente é biologizar questões naturais, ou seja, tornar "natural" (da natureza) algo que é cultural. Como? Colar na mulher que ela é apta ao cuidado, então esta função passa a ser dela e ela precisa transformar isso em algo legítimo, para que isso faça sentido para não dar um tiro na cabeça, né? Como muitas de nós dão de fato, efetivamente. Então é preciso legitimar esse espaço, e como fazer isso? "Ninguém cuida do meu filho melhor do que eu!"; "Eu faço tudo pelos meus filhos"; "Ele só come minha comida".

"O documento *Tempo de Cuidar – O trabalho de cuidado mal remunerado e não pago e a crise global da desigualdade*, demonstra ainda como as economias mundiais são sexistas. Isso porque, conforme a pesquisa, enquanto pouquíssimas pessoas que possuem grandes fortunas acumulam cada vez mais riqueza, as mulheres são responsáveis por 75% do trabalho de cuidado não remunerado realizado no mundo. [...] Segundo o relatório, mulheres e meninas ao redor do mundo dedicam 12,5 bilhões de horas, todos os dias, ao trabalho de cuidado não remunerado. Se fossem remuneradas, isso significaria uma contribuição de, pelo menos, US$ 10,8 trilhões por ano para a economia global, o triplo do valor gerado pela indústria tecnológica, por exemplo. Maia complementa que a desigualdade de gênero precariza ainda mais a condição de trabalho das mulheres fora de casa. Em todo mundo, 42% delas não conseguem um emprego porque ocupam todo o seu tempo com o trabalho de cuidado e do lar. Entre os homens, esse percentual é de apenas 6%. Outro dado publicado no novo levantamento da Oxfam se refere às mulheres que vivem em comunidades rurais e países de baixa renda. Elas dedicam até 14 horas por dia ao trabalho de cuidado não remunerado, cinco vezes mais que os homens. A organização também registra que as meninas que realizam um grande número dessas funções apresentam taxas de frequência escolar mais baixa."[27]

Onde se beneficia a função social da mulher de ser colada na função de ordinário? Eu não chamo mais de cuidado, porque cuidado traz uma aura para a gente de ser especial: "Ah, aquela mulher sabe cuidar". Não é assim: isso é mentira, isso é criado, isso é aprendido. Ninguém sabe cuidar, você aprende, quem tem filho sabe disso. É aprendizado. Por isso, eu substituí o cuidado por ordinário. Quando uma parcela da população se ocupa do ordinário, ou melhor, é ocupada pelo ordinário, e o extraordinário é ocupado por outra parcela da população que não tem tempo para fazer aquilo, porque cuidar leva tempo, demanda. Se a gente combinar de não terceirizar o que a gente precisa fazer como espaços para cuidar do ordinário, todo mundo tem espaço para o extraordinário. Só que aí não existe mais o presidente da multinacional explorando sei lá quantas mil pessoas, porque se ele limpar a privada dele, muita coisa se altera. As lógicas de controle de poder se alteram.

Então, o que precisa fazer para existir essa lógica de controle de poder? Precisamos aniquilar aquela pessoa da sua condição de sujeito. Porque não tem outro jeito de você convencer alguém de acordar às 5 horas da manhã, limpar a casa, ferver fralda, fazer comida para as 8 horas da noite, e, se der, escrever um texto/uma poesia. Sabe o que isso significa? Não sentar para escrever nunca. Você está exauste para sentar para escrever depois que você limpou a sua casa. Como é que a gente altera de fato? Será que existe uma maneira eficiente de a gente alterar rapidamente? Talvez dividindo o ordinário, por exemplo. Se o ordinário é de todes no mundo, o extraordinário é de todes no mundo também.

A possibilidade de se relacionar com o mundo sob outro ponto de vista que não o ponto de vista do patriarcado capitalista nos foi arrancada. Como seria um mundo construído por uma lógica que não é da janela do patriarcado capitalista? O que seria produzido como arte, engenharia, física, poesia? E aí, pensando diante disso, o que a gente pode fazer individualmente é realmente muito pouca coisa, por isso é importante se organizar em grupos, achar pares, legitimar os espaços de luta, aprender com quem veio antes, valorizar todas as conquistas democráticas e os avanços históricos que tivemos, criar estratégias de luta. Eu atuo no Movimento Atreva-se, sem o movimento estaria estagnada, achando que seríamos engolidas. Não garanto que não seremos, mas agindo a gente dificulta um bocado! E também achei uma forma que me coloca na luta individualmente, eu descobri o climão, criar mal-estar, revelar. Não ficar com medo de perder amigues. Esse foi o jeito que eu achei, é um jeito, tem muitos... Arrisque-se, atreva-se, ache a sua forma, se aproxime de quem faz, de quem está na luta! Criar espaços para colocar o corpo atuando de forma antipatriarcal e anticapitalista é revigorante!

eu quero mudar agora, para ontem!

Eu quero um mundo novo para amanhã de manhã. Eu quero agora. Então, eu atuo como se fosse possível mudar agora, porque a gente tem que ir lutando e agindo no mundo como se ele já tivesse sido transformado; o que não foi ainda vai ser daqui a pouco. Os números são terríveis! No tempinho que você levou para ler este livro, teve muita gente assassinada, violentada, estuprada, deslegitimada... Se a gente não mudar hoje, amanhã o número aumenta.

minha algibeira

Desde que conheci a pensadora Sara Ahmed, apresentada pela minha amiga Luanda Casella (quem quiser saber mais, entrevistei a Luanda para a segunda temporada do podcast do Atreva-se), eu comecei a tornar consciente a construção do meu arsenal feminista. Costumo dizer que criei uma algibeira para poder carregar junto de mim o que me dá norte, propósito e foco. Essa é uma algibeira imaginária, mas que carrega coisas muito reais!

- A primeira coisa que escolhi colocar na minha algibeira foi a minha história. Eu sou um arremedo, uma montoeira de tantas coisas que me formam. Isso não é bom nem ruim em si. É só o que é.
- Na minha algibeira tem um pote infinito de indignações. Ele não se esvazia nunca.
- Eu levo comigo também a dúvida. Eu duvido muito, sempre, principalmente de mim.
- Levo uma porção de coragem, ou de fingimento de coragem. Às vezes, fingir coragem é mais efetivo que ter coragem. Como diz a Margarida (líder sindicalista que lutou pelos trabalhadores rurais e foi assassinada na frente da sua família em 1983[28]): "Medo nóis têm, mas não usa".
- A minha algibeira tem uma alça bordada com a pergunta "a quem serve?". Eu uso sempre essa alça.

- Levo humor e a certeza de que dar risada é uma maneira de vingança.
- A minha algibeira tem um bolso separado só para os dados. Contra fatos não há argumentos.
- Levo livros, muitos livros. Principalmente livros escritos por mulheres pretas e latinas.
- Levo escuta.
- Minha algibeira tem um esconderijo secreto, no qual eu guardo as magias, os oráculos e os encantamentos.

- Guardo também uma alimentação boa e exercícios. Confesso que os exercícios ficam num bolsinho mais difícil de abrir, que me exige persistência.
- Trago conversas com minhas amigas. Muitas conversas com muitas amigas.
- Trago, no bolso principal, o Movimento Atreva-se!
- Carrego sempre comigo um arsenal de bombas ninjas.
- Na minha algibeira mora meu animalzinho de estimação: ele se chama "desconforto" e sempre escapa; dependendo do lugar, é só um bichinho travesso que faz os outros rirem; dependendo do lugar, ele se torna um elefante imenso, cheio de lama que senta bem em cima da ceia.
- Eu carrego comigo parcerias verdadeiras, pessoas que fazem meu caminho ter sentido, gente que preferiu me enfrentar a me abandonar.
- Carrego todos os jogos Nomear para Combater que fizemos. Carrego todos os podcasts que gravamos.
- Levo a certeza de que o patriarcado capitalista é só uma narrativa e que o estuprador é um capanga dessa narrativa. Não traz alívio, mas traz uma desqualificação dessa figura que me ajuda a viver.
- Trago comigo a minha filha e todas as suas perguntas.

- Na minha algibeira nunca falta o contato de todas as pessoas que me fazem saber que o mundo é possível.

E você, como é a sua algibeira?
O que há dentro? Conta para mim?
Insta e Face @nicoleaun
E manda pro Atreva-se também:
@movimentoatrevase

sobre livros e abismos

Então foi isso. O meu percurso feminista individual foi iniciado pelos livros. Só que eu tenho uma relação com os livros que não é de adoração. Tenho uma relação de bate-papo com o livro, do tipo: Vamos entendê-lo, com isso aqui eu concordo, com isso eu não concordo; isso eu acho legal, aqui não acho... Acho que só por isso sou capaz de brincar de escrever um. Então, para mim, é um buraco que existe. Eu gosto do livro conforme o abismo em que ele me joga, e os livros das mulheres feministas me jogam em abismos deliciosos, encantadores. Os livros me ajudam a criar os espaços, os vazios possíveis, para que eu consiga colocar aquilo na prática. Só para isso e mais nada que não seja isso. Não precisa ficar acumulando livro na prateleira e dizer o quanto você leu. Isso não serve para nada, só para que a gente fique se ocupando de uma coisa que é importante para o patriarcado. Nesse sentido, as teorias que leio não me servem como guias, mas como abismos. Então, tem gente que me joga mais no abismo do que outras. Eu gosto mais dessas, das que me jogam bem no abismo.

1. *O segundo sexo*, de Simone de Beauvoir. Rio de Janeiro: Nova Fronteira.
2. *Mulheres, raça e classe*, de Angela Davis. São Paulo: Boitempo.
3. *O genocídio do negro brasileiro: Processo de um racismo mascarado*, de Abdias Nascimento. São Paulo: Perspectiva.

4. *Problemas de gênero: Feminismo e subversão da identidade*, de Judith Butler. Rio de Janeiro: Civilização Brasileira.
5. *Eu sou atlântica: Sobre a trajetória de vida de Beatriz Nascimento*, de Alex Ratts. São Paulo: Imprensa Oficial.
6. *Para educar crianças feministas: Um manifesto*, de Chimamanda Ngozi Adichie. São Paulo: Companhia das Letras.
7. *Sejamos todos feministas*, de Chimamanda Ngozi Adichie. São Paulo: Companhia das Letras.
8. *Mulheres, cultura e política*, de Angela Davis. São Paulo: Boitempo.
9. *Os homens explicam tudo para mim*, de Rebecca Solnit. São Paulo: Cultrix.
10. *A mãe de todas as perguntas: Reflexões sobre os novos feminismos*, de Rebecca Solnit. São Paulo: Companhia das Letras.
11. *Quarto de despejo: Diário de uma favelada*, de Carolina Maria de Jesus. São Paulo: Ática.
12. *Gênero, sexualidade e educação: Uma perspectiva pós-estruturalista*, de Guacira Lopes Louro. Rio de Janeiro: Vozes.
13. *O corpo educado: Pedagogias da sexualidade*, org. de Guacira Lopes Louro. Belo Horizonte: Autêntica.
14. *Ensinando a transgredir: A educação como prática da liberdade*, de bell hooks. São Paulo: WMF Martins Fontes.
15. *Calibã e a bruxa: Mulheres, corpo e acumulação primitiva*, de Silvia Federici. São Paulo: Elefante.
16. *Relatar a si mesmo: Crítica da violência ética*, de Judith Butler. Belo Horizonte: Autêntica.
17. *Lugar de fala*, de Djamila Ribeiro. São Paulo: Jandaíra.
18. *Lugar de mulher: Feminismo e política no Brasil*, org. de Lívia Magalhães. Rio de Janeiro: Oficina Raquel.

19. *A liberdade é uma luta constante*, de Angela Davis. São Paulo: Boitempo.
20. *Gênero e desigualdades: Limites da democracia no Brasil*, de Flávia Biroli. São Paulo: Boitempo.
21. *Racismo, sexismo e desigualdade no Brasil*, de Sueli Carneiro. São Paulo: Selo Negro Edições.
22. *Encarceramento em massa*, de Juliana Borges. São Paulo: Jandaíra.
23. *Interseccionalidade*, de Carla Akotirene. São Paulo: Jandaíra.
24. *Do que estamos falando quando falamos de estupro*, de Sohaila Abdulali. São Paulo: Vestígio.
25. *O feminismo é para todo mundo: Políticas arrebatadoras*, de bell hooks. Rio de Janeiro: Rosa dos Tempos.
26. *O ponto zero da revolução: Trabalho doméstico, reprodução e luta feminista*, de Silvia Federici. São Paulo: Elefante.
27. *A queda do céu: Palavras de um xamã yanomami*, de Davi Kopenawa e Bruce Albert. São Paulo: Companhia das Letras.
28. *A política sexual da carne: Uma teoria feminista-vegetariana*, de Carol J. Adams. São Paulo: Alaúde.
29. *Profissões para mulheres e outros artigos feministas*, de Virginia Woolf. Porto Alegre: L&PM Pocket.
30. *Estarão as prisões obsoletas?*, de Angela Davis. Rio de Janeiro: Bertrand Brasil.
31. *Parceiros da exclusão*, de Mariana Fix. São Paulo: Boitempo.
32. *Holocausto brasileiro: Genocídio: 60 mil mortos no maior hospício do Brasil*, de Daniela Arbex. Rio de Janeiro: Intrínseca.
33. *Memórias da plantação: Episódios de racismo cotidiano*, de Grada Kilomba. Rio de Janeiro: Cobogó.
34. *Pensamento feminista negro: Conhecimento, consciência e a política do empoderamento*, de Patricia Hill Collins. São Paulo: Boitempo.

35. *Necropolítica*, de Achille Mbembe. São Paulo: N-1.
36. *Transfeminismo: Teorias e práticas*, de Jaqueline Gomes de Jesus e colaboradores. Rio de Janeiro: Metanoia.
37. *Gênero em termos reais*, de Raewyn Connell. São Paulo: nVersos.
38. *O cálice e a espada: Nosso passado, nosso futuro*, de Riane Eisler. São Paulo: Palas Athena.
39. *Becos da memória*, de Conceição Evaristo. Rio de Janeiro: Pallas.

40. *Olhos d'água*, de Conceição Evaristo. Rio de Janeiro: Pallas.
41. *Insubmissas lágrimas de mulheres*, de Conceição Evaristo. Rio de Janeiro: Malê.
42. *Histórias de leves enganos e parecenças*, de Conceição Evaristo. Rio de Janeiro: Malê.
44. *A criação do patriarcado: História da opressão das mulheres pelos homens*, de Gerda Lerner. São Paulo: Cultrix.
45. *Pele negra, máscaras brancas*, de Frantz Fanon. São Paulo: Ubu.
46. *O lado invisível da economia: Uma visão feminista*, de Katrine Marçal. São Paulo: Alaúde.
47. *Teoria Feminista: Da margem ao centro*, de bell hooks. São Paulo: Perspectiva.
48. *Por um feminismo afro-latino-americano*, de Lélia Gonzalez, org. de Flavia Rios e Marcia Lima. Rio de Janeiro: Zahar.
49. *Buscar indícios, construir sentidos*, de Graciela Montes. Lauro de Freitas: Solisluna Design.
50. *Fome: Uma autobiografia do (meu) corpo*, de Roxane Gay. Rio de Janeiro: Globo Livros.
51. *Um feminismo decolonial*, de Françoise Vergès. São Paulo: Ubu.
52. *Dororidade*, de Vilma Piedade. São Paulo: Nós.

53. *Coleção Sambas Escritos* (4 títulos), de Carmen Faustino, Maitê Freitas e Patrícia Vaz. São Paulo: Jandaíra.
54. *Inovação ancestral de mulheres negras: Táticas e políticas do cotidiano*, org. de Bianca Santana. São Paulo: Oralituras.
55. *O local da cultura*, de Homi K. Bhabha. Belo Horizonte: Editora UFMG.
56. *Origens do totalitarismo: Antissemitismo, imperialismo, totalitarismo*, de Hannah Arendt. São Paulo: Companhia das Letras.
57. *Vestígios: Epifanias e individuações*, de Amnéris Maroni. São Paulo: Intermeios.
58. *Amada*, de Tony Morrison. São Paulo: Companhia das letras.
59. *Tetã Tekoha*, org. de Alexandro da Silva Nhandewa e Pyn Taính de Almeida. São Paulo: Jandaíra.
60. *Feminismo popular camponês: reflexões a partir de experiências do Movimento de Mulheres camponesas*, org. de Adriana Maria Mezadri, Justina Inês cima, Noeli Welter Taborda, Zenaide Collet. São Paulo: Outras Expressões.
61. *Teoria King Kong*, de Virginie Despentes. São Paulo: N-1.
62. *Carolina, uma biografia*, de Tom Farias. Rio de Janeiro: Malê.
63. *O mito da beleza: Como as imagens de beleza são usadas contra as mulheres*, de Naomi Wolf. Rio de Janeiro: Rosa dos Tempos.
64. *Um feminismo decolonial*, de Francoise Verges. São Paulo: Ubu.

notas

1 Pensador. Disponível em: <https://www.pensador.com/frase/MjUxMzk3Nw/>. Acesso em: 08/02/2021.

2 País tem um estupro a cada 8 minutos, diz Anuário de Segurança Pública, por Luiza Souto, de Universa. *UOL Universa*, 2020. Disponível em: <https://www.uol.com.br/universa/noticias/redacao/2020/10/18/anuario-brasileiro-de-seguranca-publica-2020.htm>. Acesso em: 12/12/2020.

3 A cada 23 minutos, um jovem negro é assassinado no Brasil, diz CPI, por Fernanda da Escóssia. *BBC News Brasil*, 2016. Disponível em: <https://www.bbc.com/portuguese/brasil-36461295>. Acesso em: 12/12/2020.

4 Brasil segue no primeiro lugar do ranking de assassinatos de transexuais, por Louise Queiroga. *O Globo*, 2018. Disponível em: <https://oglobo.globo.com/sociedade/brasil-segue-no-primeiro-lugar-do-ranking-de-assassinatos-de-transexuais-23234780>. Acesso em: 12/12/2020.

5 Brasil tem 2ª maior concentração de renda do mundo, diz relatório da ONU, por G1. *G1*, 2019. Disponível em: <https://g1.globo.com/mundo/noticia/2019/12/09/brasil-tem-segunda-maior-concentracao-de-renda-do-mundo-diz-relatorio-da-onu.ghtml>. Acesso em: 12/12/2020.

6 Escola de Princesas chega a São Paulo e gera polêmica, por Crescer. *Crescer*, 2016. Disponível em: <https://revistacrescer.

globo.com/Voce-precisa-saber/noticia/2016/10/escola-de-princesas-chega-sao-paulo-e-gera-polemica.html>. Acesso em: 06/12/2020.

7 Lélia Gonzalez cita Carlos Hasenbalg, em seu livro *Por um feminismo afro-latino-americano*, organizado pela Flavia Rios e pela Marcia Lima, da Editora Zahar.

8 Homem negro é espancado até a morte em supermercado do grupo Carrefour em Porto Alegre, por G1 RS. *G1*, 2020. Disponível em: <https://g1.globo.com/rs/rio-grande-do-sul/noticia/2020/11/20/homem-negro-e-espancado-ate-a-morte-em-supermercado-do-grupo-carrefour-em-porto-alegre.ghtml>. Acesso em: 15/01/2021.

9 Taís Araújo fala sobre preocupação na criação dos filhos: 'A cor do meu filho faz com que as pessoas mudem de calçada', por G1. *G1*, 2017. Disponível em: <https://g1.globo.com/pop-arte/noticia/tais-araujo-fala-sobre-preocupacao-na-criacao-dos-filhos-a-cor-do-meu-filho-faz-com-que-as-pessoas-mudem-de-calcada.ghtml>. Acesso em: 29/12/2020.

10 Sim, seus filhos veem pornô (e é assim que isso os afeta), por Virginia Collera. *El País*, 2019. Disponível em: <https://brasil.elpais.com/brasil/2019/02/05/eps/1549359489_090898.html>. Acesso em: 18/12/2020.

11 O pacto de morte do racismo, por Carine Nascimento. *Quatro Cinco Um*, 2020. Disponível em: <https://www.quatrocincoum.com.br/br/noticias/ciencias-sociais/o-pacto-de-morte-do-racismo>. Acesso em: 25/01/2021.

12 Oxfam: bilionários têm mais riqueza que 60% da população mundial, por Lu Sudré, do Brasil de Fato. *Rede Brasil Atual*, 2020. Disponível em: <https://www.redebrasilatual.com.br/economia/2020/01/oxfam-bilionarios-tem-mais-riqueza-que-60-da-populacao-mundial/>. Acesso em: 13/12/2020.

13 Casa só com ‘mãe e avó’ é ‘fábrica de desajustados’ para tráfico, diz Mourão, por Igor Gielow. *Folha de S.Paulo*, 2018. Disponível em: <https://www1.folha.uol.com.br/poder/2018/09/casa-so-com-mae-e-avo-e-fabrica-de-desajustados-para-trafico-diz-mourao.shtml>. Acesso em: 13/12/2020.

14 Somos 11,6 milhões de mulheres desajustadas, por Eliana Alves Cruz. *The Intercept Brasil*, 2018. Disponível em: <https://theintercept.com/2018/09/19/mulheres-desajustadas-mae-mourao/>. Acesso em: 13/12/2020.

15 Robinho diz em gravação: “Estou rindo e nem aí, porque ela estava bêbada”, por UOL, em São Paulo. *UOL Esporte*, 2020. Disponível em: <https://www.uol.com.br/esporte/futebol/ultimas-noticias/2020/10/16/robinho-diz-em-gravacao-estou-rindo-e-nem-ai-porque-ela-estava-bebada.htm>. Acesso em: 26/01/2021.

16 Ex-goleiro Bruno vira ‘garoto-propaganda’ de canil e causa revolta, por Lance!. *Lance!*, 2020. Disponível em: <https://www.lance.com.br/fora-de-campo/goleiro-bruno-vira-garoto-propaganda-canil-causa-revolta.html>. Acesso em: 26/01/2021.

17 Por que Natura apoiou um projeto sobre masculinidades | O Silêncio dos Homens, por Ismael dos Anjos. *Papo de Homem*, 2019. Disponível em: <https://papodehomem.com.br/por-que-natura-apoiou-um-projeto-sobre-masculinidades-or-o-silencio-dos-homens/>. Acesso em: 01/02/2021.

18 Assistam nosso documentário “O silêncio dos homens”, na íntegra, por Guilherme Nascimento Valadares. *Papo de Homem*, 2019. Disponível em: <https://papodehomem.com.br/o-silencio-dos-homens-documentario-completo/>. Acesso em: 26/01/2021.

19 Delegado e esposa haviam discutido horas antes; mãe e filha morreram abraçadas, por Denise Mello e Djalma Malaquias. *Banda B*, 2020. Disponível em: <https://www.bandab.com.br/seguranca/delegado-havia-discutido-com-esposa-horas-antes-mae-e-filha-morreram-abracadas/?fbclid=IwAR3V6HhuprwcHJlYw1yuyCRmige2hrXLG_nn-kHXaQoxH_df2lBYpr0lmMY>. Acesso em: 09/02/2021.

20 Por que a mulher ainda precisa da autorização do marido para fazer uma laqueadura?, por Carla Castellotti. *VICE Brasil*, 2016. Disponível em: <https://www.vice.com/pt/article/ppa9mz/laqueadura-como-fazer-justica-sus>. Acesso em: 26/01/2021.

21 Rita Rato (CDU). "Ecologia sem luta de classes é jardinagem", por Nuno Ramos de Almeida. *Contacto*, 2019. Disponível em: <https://www.wort.lu/pt/portugal/rita-rato-cdu-ecologia-sem-luta-de-classes-e-jardinagem-5d8c4cc4da2cc1784e34c3b7>. Acesso em: 14/01/2021.

22 Brasil teve quase 5 mil mortes violentas de crianças e adolescentes em 2019; 75% eram negros, revela Anuário, por Cíntia Acayaba e Thiago Reis, G1. *G1*, 2020. Disponível em: <https://g1.globo.com/sp/sao-paulo/noticia/2020/10/18/brasil-teve-quase-5-mil-mortes-violentas-de-criancas-e-adolescentes-em-2019-75percent-eram-negros-revela-anuario.ghtml>. Acesso em: 18/12/2020.

23 Definições sobre a branquitude, por Hernani Francisco da Silva. *Portal Geledés*, 2011. Disponível em: <https://www.geledes.org.br/definicoes-sobre-branquitude/>. Acesso em: 10/03/2021.

24 Apoiadores de Trump invadem Congresso dos EUA, por G1. *G1*, 2021. Disponível em: <https://g1.globo.com/mundo/noticia/2021/01/06/manifestantes-pro-trump-invadem-congresso-americano.ghtml>. Acesso em 12/04/2021.

25 Ailton Krenak fala sobre "recursos naturais" e " sustentabilidade". Disponível em: <https://medium.com/ormando/ailton-krenak-fala-sobre-recursos-naturais-e-sustentabilidade-4d23bf074456>. Acesso em: 10/03/2021.

26 O tradutor do pensamento mágico, por Amanda Massuela e Bruno Weis. *Revista Cult*, 2019. Disponível em: <https://revistacult.uol.com.br/home/ailton-krenak-entrevista/>. Acesso em: 13/12/2020.

27 Oxfam: bilionários têm mais riqueza que 60% da população mundial, por Lu Sudré, do Brasil de Fato. *Rede Brasil Atual*, 2020. Disponível em: <https://www.redebrasilatual.com.br/economia/2020/01/oxfam-bilionarios-tem-mais-riqueza-que-60-da-populacao-mundial/>. Acesso em: 13/12/2020.

28 Conheça Margarida Alves, símbolo da luta das trabalhadoras do campo por direitos, por Mayara Paixão. *Brasil de Fato*, 2019. Disponível em: <https://www.brasildefato.com.br/2019/08/12/conheca-margarida-alves-simbolo-da-luta-por-direitos-para-as-trabalhadoras-do-campo/>. Acesso em: 08/02/2021.

Esta obra foi composta nas fontes Utopia e Halyard.
Impresso pela Meta Brasil em março de 2025 em papel
Cartão Supremo 250 g/m2 para a capa
e Pólen Natural 70 g/m2 para o miolo.